이제부터가
진짜
시작이다

비상

최문정 지음

　나의 첫 직장은 대학진학 등록금을 마련하기 위해 시작한 일이 백화점 근무였다.

　처음으로 다양한 사람들을 응대하는 서비스직을 하면서 느낀 생각과 경험은 호기심이 왕성했던 20대에 관심을 가질 수 있는 계기를 만들어 주었고 그 이후에 학업을 병행하며 선택한 보안요원은 나의 적성과 맞는 직업을 가지게 하여 서비스 13년차의 경력을 가져다주었다.

　단순히 사람을 상대하고 일하는 것으로 그치는 것이 아니라 내가 상대방에게 어떻게 대처를 하고 상대방의 말을 잘 들어 주었을 때 나타나는 반전의 결과들은 예측하기 힘든 상황의 연속이었다.

　나를 스쳐지나갔던 수많은 사람들과 그 사람들 속에서 혼자서 해결해야 했던 문제와 방법들은 끊임없는 고민을 하게 만들었고 해결하는 방법을 차츰 터득하게 되면서 나를 성장시키고 깨우치게 하는 밑거름이 되었다.

보안요원으로서 어떨 땐 여자의 입장으로 바라보고 어떨 땐 남자의 입장으로 생각하며 일을 하기 위한 직업이라기 보단 사람을 상대하며 일반적으로 느낄 수 있는 고충들, 예측할 수 없는 상황들과 보안요원에 대한 사람들의 오해와 편견을 있는 사실 그대로 이야기 하고자 한다.

내가 보는 사회와 사회가 나를 보는 시각은 다르기 때문에 사회생활 하는데 있어 이 점을 생각한다면 직업에 대한 고충이 줄어들 것이라 생각한다. 또한 상황에 맞는 현명한 대처방법을 제시하여 여러 가지 유형의 사람들을 만나고 느낀 것을 서비스직에 종사하는 모든 사람들과 공유하고 싶은 마음으로 이 책을 내게 되었다.

2018년 3월 최문정

목차

01
실제상황

보안의 시작

———

어릴 적 나의 꿈은 크고 화려했다.

초등학교 때부터 춤추는 걸 좋아한 나는 중학생 때는 본격적으로 친구들과 팀을 만들어 춤을 추며 막연한 가수의 꿈을 키우기도 했다. 하지만 아버지가 돌아가신 뒤 가세가 기울었고 나는 좀 더 현실적으로 눈을 떠야 했다.

대학진학 할 때 학비를 벌기위해 처음으로 일을 한곳이 백화점 음료판매직이었다. 나의 첫 직장이었고 급여가 다른 곳에 비해 높았다. 추운 겨울날 손가락과 허벅지에 부분 동상이 걸릴 정도로 냉장창고를 열심히 정리하고 진열했다. 그렇게 힘들게 학비를 마련하고 대학에 진학한 나는 가슴이 벅차올랐다. 하지만 일을 하면서도 학교생활을 병행해야 하는 현실에 대한 자괴감도 있었고 이 모든 것이 다 낯설기만 했었다.

점차 대학친구들과 어울리며 새로운 경험과 추억을 쌓아갔고 방학기간이 되어 아르바이트 자리를 찾고 있었다. 그 때 눈에 들어온 것이 마트의 보안요원이었다. 당시 보안요원이라 하면 정장입고 무전기 들고 멋있게 매장을 돌아다니는 정도로만 여기고 면접을 봤다.

일을 시작하고 제일 먼저 느낀 것은 생각한 것처럼 그렇게 쉬운 일이 아니라는 점이었다. 출입구에 서서 인사를 하고 계산이 안 된 손님을 응대하고 가방사이즈 별로 스티커를 붙이고 물품 보관함 안내까지 처음으로 많은 사람들을 응대하게 된 것이다. 지금 생각하면 서툰 점도 많았고 남직원들과 융합되는 것, 특히 여직원들과도 잘 지내야 되는 것이 관건이자 새로운 과제였다.

한참 적응해 가던 어느 날 술 취한 남자분이 매장 입구에서 행패를 부렸다. 술이 만취된 남자는 나를 향해 욕을 퍼부었고 처음으로 그런 일을 겪은 나는 어찌할 바를 몰랐다. 매장이 소란스러워지자 남직원들이 와서 남자를 진정시키고 바깥으로 데리고 갔다. 당황한 나를 보며 직원들은 밖으로 나가 바람 좀 쐬고 오라 했고 난 나가면서 눈물이 쏟아져 펑펑 울었다.

'도대체 내가 뭘 잘못한 건지…'

억울했지만 세상엔 별의별 사람들이 많으니 견디자며 내 자신을 위로했다. 그렇다고 내가 그만두지는 말아야겠다는 다짐을 했다.

'참자. 일단 참아보자…'

마음을 다잡고 매장으로 들어온 나는 다시 일을 했다. 대형마트라 항상 사람들이 북적거렸고 계산을 안 하고 물품을 가져가는 일이 다반사였기에 항상 사람들을 관찰하며 보는 게 일이었다. 상습적으로 계산을 안 하는 사람, 그 중에는 어린아이부터 시작해 노인들까지 참으로 다양했다.

마트에 어떤 할머니가 있었다.

그 할머니는 상습적으로 계산을 하지 않고 가져가는 일이 빈번했기에 항상 주의를 요하는 인물이었다. 그날도 계산하지 않는 물품을 하나씩 가져다가 보관함에 보관하였고 더 이상 두고 볼 수 없었던 직원들은 계속 감시하며 쫓아다녔다. 밖으로 나가는 순간 보안직원이 따라붙었고 할머니는 필사적으로 뛰어가기 시작하였다. 겨우 따라잡은 직원은 할머니를 보안실로 데리고 갔다.

항상 느끼는 거지만 실제로는 생활형편이 좋지 않아 물건을 가져가는 일은 거의 없다. 생활고로 인한 절도는 아주 극소수일 뿐이다. 대부분은 그럭저럭 살만한 형편에 물건을 가져간다. 걸리면 계산하고 아니면 그냥 가져간다는 마인드이다. 할머니도 그러했다.

"할머니, 도대체 몇 번째 입니까?"

"………"

할머니는 아무런 대답이 없다. 묵묵부답으로 일관하는 할머니를 경찰서로 인계하였다. 마트에서 다양한 일을 겪으며 사람들을 상대하는 방법을 배우고 난 다른 곳에서 보안을 해보고 싶다는 생각을 하게 되었다.

두 번째로 입사하게 된 곳이 쇼핑몰이었다.

이곳은 완전 군대였다. 직원들은 남자 여자 가릴 것 없이 모두 똑같이 대했었고 나이가 적어도 팀의 조장이거나 직책을 맡고 있으면 선배님의 호칭을 붙이고 그를 따라야 했다. 이곳에서 나이는 아무런 효력이 없다.

일주일에 한번 난 선배들에게 테스트를 통과해야 했다. 그 순간이 일하는 시간에서 제일 떨리고 긴장이 되는 순간이었다. 선배들이 매장의 시설물 위치와 업무처리방법을 물어보고 틀리면 인정사정없이 혼을 냈기 때문이다. 나는 싫은 소리가 듣기 싫어 무조건 외우고 또 외웠다. 그래서 빨리 터득할 수 있었는지도 모른다.

나와 같이 일하던 여직원이 한명 있었는데 그 언니는 성격이 굉장히 터프하고 매력이 있었다. 언니와 난 굉장히 빠르게 친해졌고 남직원들도 그녀를 함부로 대하지 못했다. 그녀는 깡이 있었고 대범했다. 활발하지만 소심한 면이 있었던 나는 그녀의 그런 부분이 참 부러웠으며 사람들에게 대처하는 방법이나 일의 요령을 차츰 배워갔다.

그러던 어느 날 화장실에서 어떤 여자가 나오지 않는다며 연락이 왔고 남직원과 찾아간 나는 경악했다. 화장실 문틈사이로 원인불명의 오물이 흘러내렸고 문을 따자 노숙자로 보이는 여성이 앙상한 몸에 오물을 묻히고 변기에 앉아 힘이 없는 듯 쓰러져 있었다. 우린 곧장 119에 신고했고 미화원님들이 장갑을 끼고 호스에 물을 틀어 여자의 옷과 몸을 씻겼다. 구급대가 도착하여 여자를 들것에 실어 옮겼다. 난생 처음 겪은 일이였지만 잊혀 지지 않는 광경이었다. 여자의 건강상태가 심히 걱정되었고 더 늦게 발견하였다면 어떻게 되었을지 안타까운 마음이 들었다.

시간이 흐르고 일한지 1년이 채 되지 않아 우리 업체는 여자보안을 더 이상 고용하지 않는다고 하였고 어쩔 수 없이 그만두어야 했다.

'내가 다시 일할 수 있는 곳은 어디일까?'

퇴사 후 학과사무실에 근로학생으로 단기간 일하게 되면서 여러 군데를 알아보았다. 그러던 어느 날 졸업을 몇 개월 앞두고 아는 지인이 백화점 보안요원을 구한다며 지원해 보라고 하였다.

'백화점이라…'

친구는 보안킬러냐며 다른 곳에 지원해 보라고 하였지만 또 한번 도전해보고 싶은 마음에 지원했고 그게 10년이 되리라곤 상상도 하지 못했다. 나의 인생 공부를 시작하게 된 출발점이자 지금의 나를 만들어 준 직장이다. 이제부터가 진짜 시작이다.

텃세

백화점에 보안으로 입사했을 때였다. 정직원에서 용역 업체로 바뀐 시점에 내가 들어가게 되어 어수선한 분위기가 있었다. 같이 입사한 언니는 나와 10살 차이가 났었고 보안이 처음이라고 말했었다.

신입교육을 받으면서 외울 게 너무 많아서 처음엔 외우느라 하루가 지나갈 정도였다. 오픈시간, 폐점시간, 매장 브랜드 이름 등을 외우면서 수첩에 일일이 기록하며 다녔다. 수첩과 볼펜은 필수였고 무전기 사용법도 달라서 귀에 꽂는 리시버를 사용해 하루 종일 주의 깊게 들어야 했다.

쉬는 시간도 쉬는 시간이 아닌 긴장의 연속으로 대기시간이라고 봐도 무방했다. 오픈 시간이 끝나고 해당 근무 층에 투입되어 본

격적인 일을 하였다. 안전사고의 위험성이 있는 에스컬레이터 주변을 순찰하며 특이사항이 없는지 늘 관찰하는 게 주 업무였고 선배들이 무전으로 나를 찾으면 재빨리 대답을 해야 했다. 못 알아들으면 수도 없이 욕을 먹었기 때문이다. 그만큼 긴장을 계속해야하며 순발력과 민첩성이 있어야 했다.

난 나름대로 예전 일했던 보안의 특성을 알고 있기에 이해할 수 있는 부분이 많았다. 하지만 같이 일한 언니는 아무래도 힘들어 했었던 것 같다. 마치면 늘 나에게 힘들다고 토로했고 매장에 서있는 게 너무 힘들다고 했다. 특히 더욱 더 힘들었던 건 나이 차이라고 하며 같이 일하는 대부분의 직원들이 나이가 어리기에 그 사람들의 비위를 맞추기가 힘들다고 얘기했다.

"문정아, 넌 나이가 어려서 그런지 모르겠지만 나한테 대할 때랑 너한테 대할 때가 많이 다른 것 같아. 내가 이일을 계속 할 수 있을지 모르겠어."

하루 이틀이 지나 언니는 어떤 남직원과 크게 다투고 더 이상 일하지 못하겠다고 뛰쳐나가버렸다. 어수선해진 분위기에 다른 여직원을 뽑았고 그 뒤로도 여러 차례 바뀌게 되었다.

어떤 이들은 이런 걸 텃세라고도 하고 적응기간이라고도 한다. 어딜 가나 처음에 일에 적응하기 전까진 주변사람들의 관찰 속에 내 행동이 감시된다. 중요한건 내가 얼마만큼 노력하고 참느냐이다.

교육받으면서 이유 없는 욕도 많이 먹었지만 그 뒤에 나는 아무렇지 않게 사람들을 대했다.

내가 티를 내면 낼수록 임의로 나의 평가가 이루어지고 사람들의 잣대로 내가 판단된다. 난 이런 게 싫었다. 기분이 나빠도 티를 내지 않으려고 항상 웃었고 참았다. 결국엔 참는 자가 남는다고 나에게 핀잔을 주고 욕을 했던 사람들은 다 그만두게 되었다.

시간이 흘러 자연스럽게 서열이 올라가게 되었고 신입교육을 하게 되었다. 나의 신입사원의 판단 관점은 개념이 있는지 없는지 살펴보는 일이었다.

어느 날이었다. 신입 남직원이 들어왔고 매장에 투입이 되었는데 하루 종일 쉬는 곳에 앉아 핸드폰으로 전화만 해대는 것이었다. 한두 번은 참았다.

'급한 일이 있나보지…'

서너 번째 반복되자 두고 볼 수 없었고 찾아갔다.

"○○씨, 여기서 뭐합니까?"

"네? 전화하는데요."

"무슨 전화를 하루 종일 해요? 근무시간 아니에요?"

"아니요, 하루 종일 안했는데…"

"하루 종일 했잖아요. 이제는 거짓말까지 해요? 본 사람이 몇 명인데 이런 식으로 일할 거면 그냥 나가세요!! 나가도 붙잡을 사람 아무도 없어요."

"근데 너무한 거 아닙니까? 전화 몇 번 했다고 나가라니 심하네요!!"

"아니요, 딱 보니까 답이 나와서 하는 말이네요. 보안 일을 얼마나 우습게 봤으면 이런 행동이 나옵니까? 일에 관심이 없으면 다른 직원들에게 피해주기 십상이죠. 당신은 여기 일에 관심 없어요. 띵가띵가 놀다가 월급만 타갈 생각인 것 같은데 여기서 나가주는 게 우리를 도와주는 겁니다."

난 문을 쾅 닫고 나갔고 뒤에서 욕하는 소리가 들렸다. 끝끝내 사과 한마디 하지 않는 게 괘씸했다. 그 일이 있고 어색하게 지내던 어느 날 남자 신입이 나를 찾아왔다.

"저번엔 제가 좀 심했네요. 앞으론 조심하도록 할게요."

갑작스러운 사과에 당황했지만 이내 받아들이고 나도 사과했다. 그 뒤로 신입의 태도가 180도 달라져 성실하게 근무에 임했다. 지금 생각하면 나도 왜 저렇게까지 심하게 대했을까 생각이 든다.

'좀 더 유연하게 대처할 걸…'

그 당시에 나는 보안의 체계에 철저하게 맞춰갈려고 했었고 그래서 다른 사람들에게 강요 아닌 강요를 했던 것이다. 다른 사람들이 보면 별일 아니라고 생각할 수도 있지만 여기에선 굉장히 중요하고도 중요한 일이였다.

그 후로 사람들은 나를 신입킬러라고 했고 어린나이에도 불구하고 나는 내 위치를 지키려 무단히도 노력했다. 날이 지나면 지날수록 참고 견디는 인내의 시간들이 연속으로 스쳐 지나갔다.

여자의 권리

백화점에서 보안여직원은 2명밖에 되지 않는다. 한명이라도 그만두는 상황이 생기면 늘 항상 여자는 나 혼자였다. 남들은 나에게 매번 똑같은 질문을 했다.

'아니, 세상에 어떻게 10년을 일했어요??'
'이 일이 적성에 맞나요??'
'아니, 왜??'
'다른 일은 안 찾아 봤어요??'

동물원의 원숭이를 쳐다보듯 물어보는 질문은 늘 똑같았다. 나라고 10년까지 일할 줄 몰랐고 다른 직업을 생각 안 해본 것이 아니다. 나도 사람인데 좀 더 나은 곳을 생각해 본적이 왜 없겠는가?

이 질문들이 나에겐 너무나 식상했다. 많고 많은 직업 중에 보안을 선택했고 이 직업이 내 적성에 맞고 사회생활하면서 나를 공부시키며 깨우치게 하였기에 계속해서 일을 하게 된 건데 말이다.

나를 잘 알지 못하는 사람들에게 일일이 설명하고 대답하기엔 너무나 길었으며 그때마다 웃으며 넘어가는 일이 대다수였다. 또한 남직원이 월등히 많은 이곳에서 여자가 오래 일한다는 것이 결코 쉬운 일은 아니다. 내가 오래 일할 수 있었던 건 여자라는 타이틀을 내려놓아서 가능했던 일이었다. 여자들만이 누릴 수 있는 권리 한 달에 한번 주어지는 보건휴가도 난 쉰 적이 없다. 모든 회사들이 해당되진 않겠지만 여자라면 누구나 누릴 수 있는 특권이기도 하다. 하지만 난 흔한 생리통도 심하지 않았기에 별 의미 없는 휴가였다. 항상 남자들과 동등하길 원했다.

그러던 중 입사한지 얼마 안 된 여직원이 보건휴가에 관해 관리자에게 얘기를 했고 나도 상담하게 되었다.

"문정아, 얘는 생리통이 너무 심하다고 하니 이제 너희들에게 보건휴가로 하루를 지급해 줄 건데 너도 이제 그렇게 할래??"
'이게 무슨 소리지?'
몇 년을 일해도 한 번도 나에겐 물어보지 않던 것이었기에 놀라웠고 당황했다.

'아 이제 뭔가 달라지려나 보다…'

고민 끝에 관리자에게 얘기했다.

"전 괜찮습니다. 생리통 심하다는 직원만 휴가를 주세요."

나에게 다시 생각해 볼 것을 계속 권유하였지만 난 거절했다.

'편하게 쉬면되지. 왜 거절하지?' 할 수도 있겠지만 이게 생각만큼 쉬운 일이 아니다. 그렇게 된다면 분명 다른 직원들에 의해 말이 생성이 되고 특별히 아픈 적이 없던 나에게는 거짓을 말하는 게 된다. 나대신 다른 직원이 출근해야 될 상황도 발생한다. 단체생활인 회사에서 개인적인 사정으로 다른 사람들에게 폐를 끼치긴 싫었다. 당당하게 특권을 누릴 수도 있었지만 난 거절했고 결국 그 일은 없었던 일이 되었다.

그럼 그 여직원은 어떻게 됐을까? 보안 일은 오래하지 못했고 곧 그만두었다. 지금은 자기적성에 맞는 일을 찾았다고 한다.

직원통제

———

    보안요원은 고객을 우선으로 하는 일을 하지만 매장 직원들을 통제하고 지키는 일도 한다. 오픈 전에는 직원전용 출입구에 서서 직원들이 출근하는 걸 보고 고객과 외부인을 차단한다. 정문과 지하철입구도 마찬가지였다.

    하루는 정문에 서있던 남자직원이 화장실을 간다고 교대를 부탁했다. 나는 지원을 나갔고 정문에 서있었는데 판매직 여직원 한명이 정문으로 들어왔다. 참고로 직원들은 정해진 직원전용 출입구나 지하철입구로만 출근이 허용되는데 정문은 절대 직원들이 이용하면 안 되는 곳이다.

    "저기요, 어떻게 오셨어요?"

"네? 왜요? 일하러 왔는데요."

판매직원은 굉장히 싸가지 없는 말투였다. 난 또 그런 걸 잘 참는 스타일은 아니었다.

"여기는 고객들만 들어올 수 있는 곳입니다. 돌아가서 직원전용 출입구로 가세요."

나를 위아래로 훑어보던 직원이 당당하게 말했다.

"바빠요 짜증나게 하네. 좀 들어갑시다. 늦었구먼. 유도리가 없네."

난 곧장 쫓아갔다.

"늦은 건 당신사정이고 안 되는 건 안 되는 건데, 돌아가요!"

"아 진짜… 야, 니 뭔데?!!"

직원은 날 쏘아보며 말했고 난 눈앞이 잠시 보이지가 않았다.

"돌아가라면 돌아가라."

직원은 나에게 다가오더니 말했다.

"뭐? 반말했나? 씨발 돌았나?"

어이가 없었다. 난 말할 가치를 못 느꼈지만 한숨을 쉬며 말했다.

"좋은 말로 할 때 돌아가라. 브랜드하고 이름 얘기해라. 어디 매장인데 이렇게 싸가지가 없노? 교육 좀 시키라고 매니저한테 얘기 좀 해야겠네."

직원은 눈에 쌍심지를 켜고 소릴 질렀다.

"뭐라고?!!"

나도 소리 질렀다.

"돌아가라고 미친년아!! 아침부터 가시나가 재수 없게 짜증나게 하네."

얼떨떨한 표정을 지은 직원은 욕을 하며 돌아갔고 나는 좀처럼 화가 가라앉지 않았다. 시간이 지나 그 여직원은 인상을 쓰며 보안실로 날 찾아왔다.

"저기요. 밖에 나가서 얘기 좀 하죠."

그냥 여기서 얘기 하지 밖에 나가자는걸 보니 한대 칠 기세였다.

"왜요? 무슨 일인데요?"

이 상황을 빨리 끝내고 싶었다.

"아까 나한테 욕하면서 한말 모두 사과하세요!!"

자기가 나한테 한 욕은 생각이 나지 않나보다.

"사과받길 원해요?"

내가 다시 물었다. 직원은 눈이 커지며 대답했다.

"네, 사과 받아야겠어요."

웃음이 나오는 걸 간신히 참고 다시 말했다.

"그래요? 아주 죄송하게 됐습니다. 미안합니다. 이제 됐어요?"

내가 말하면서도 이해가 가지 않는 상황이었다. 그런데 그 직원은 애길 듣고서 말했다.

"네, 그럼 됐어요. 저도 미안해요."

"????????????"

난 어이가 없었고 직원은 뒤도 보지 않고 가버렸다.

황당하였지만 더 이상 따지기 싫었다. 쓸데없는 것에 감정소비를 하고 싶지 않았다. 12시간 내내 매장에서 일하는 것도 피곤한 일이거니와 직원들한테까지 신경을 쓰면 일을 못할 것 같았기 때문이다.

판매직원들 중에서는 좋은 사람도 많다. 서로 친해져서 밖에서 만나 술 한 잔 하기도 하고 힘이 되어주기도 한다. 하지만 한 번씩 저런 직원을 만나게 되면 하루의 일을 망친다. 이것도 하나의 내 인생 공부라고 생각하며 다음부턴 싸우는 걸 자제하고 매니저와 인사과에 넘기는 걸로 마무리 지었다.

살다보면 여러 사람을 만난다. 좋은 사람들만 알고 지내고 싶지만 현실은 그렇지 않다. 이런 경험을 통해 사람을 상대하는 방법을 알아가는 것 같다. 좋은 인연도 나쁜 인연도 모든 건 나 하기 나름이다.

술 취한 그녀

한창 바쁜 영업시간에 일주일에 한두 번은 꼭 매장에 들어오는 여자가 있었다. 그 여자가 들어오고 한 시간 뒤쯤엔 어김없이 직원들이 화장실에서 나오지 않는 그녀에 대해 연락을 한다. 현장에 가보면 술이 떡이 되어 자신을 쳐다보는 사람들을 향해 욕을 시원하게 퍼붓는다.

'뭐가 그리 한이 많은지…'

술만 먹으면 매장에서 소란을 일으켰고 여자이기에 신체를 함부로 터치할 수 없는 남직원을 대신해 내가 담당이 되곤 했다. 처음엔 좋게 타일러도 보고 진정시키려 했지만 말을 듣지 않는다. 점점 안하무인이 되어가는 그녀를 보며 화가 났었고 이런 행동은 충분히 영업방해에 소지가 있다고 얘길 한들 그녀에겐 들리지 않는다.

한계에 다다른 시점에야 이윽고 난 그녀를 백화점 바깥으로 유인해 나가자고 했다. 사람들이 점점 우리 쪽으로 모여들었고 이 상황이 너무 창피하고 빨리 벗어나고 싶은 맘뿐이었다.

그때였다. 술 취한 그녀는 나에게 큰소리로 욕을 해댔다.

"미친년아, 니는 애비도 없냐?!!"

정말이지 간신히 정신을 부여잡고 잘 응대하던 나에게 시련이 온 것이다.

순간 가던 길을 멈추고 뒤돌아섰고 큰소리로 얘기했다.

"그래, 난 애비 없다!!!!!!"

"!!!!!!!!!!!!!!!!!!!!!!!!!!"

모여 있던 사람들의 놀라던 표정은 가관이었다. 그녀도 적지 않아 황당해 하며 웃는다. 사실이기도 한 말이었다. 하지만 사람이 서로의 부모님에 관해 얘기하는 건 아니지 않은가. 이 멘트는 싸움에 있어 끝까지 갈 때 던지는 말이기에 난 무척 화가 났고, 소리를 지르고 매장으로 들어오니 일이 손에 잡히지 않았다.

'이 일을 계속해야 하나?'

후회가 느껴졌다. 가까스로 맘을 추스르고 다시 일을 했다. 나중에 알게 된 사실이지만 그녀는 집이 없어 떠도는 노숙자 신세였고, 구걸하는 모습을 주변 지하철역에서 한 번씩 볼 수 있었다. 그녀의 삶도 처음부턴 저렇진 않았겠지. 그녀가 지금은 좀 더 나은 삶을 살길 바란다.

잘못된 만남

―

평일 늦은 저녁 매장엔 고객이 없었다. 한산하여 매장 직원들은 수다를 떨기도 하고 각자 물건을 정리하고 있을 때였다. 지하철입구에서 소란이 일어났다. 이동하여 확인해보니 50대로 보이는 아저씨가 입구 행사 매대에 깔려있는 옷을 보며 행패를 부리고 있었다. 거나하게 술 한 잔 걸치신 모습을 보고 난 진정하라며 말렸다. 술 취한 아저씨는 나를 향해 크게 소리쳤다

"니가 뭔데? 쪼끄만 게 저리 꺼지라!!"
맞는 말이다. 난 키가 작다. 하지만 이런 상황엔 어울리지 않는 말이지… 내 감정을 추스르고 다시 한 번 타일렀다. 그때였다. 행사 매대를 발로차고 옷을 집어 던지는 게 아닌가. 난 더 이상 보고 있을 수는 없었고 판매직원을 향해 욕을 하는 아저씨의 팔을 잡고

그만하라고 했다.

아저씨는 나에게 눈을 흘기며 말했다.

"놔라. 놓으라고!!!!"

소릴 질렀고 사람들은 점점 더 모여들었다. 무전연락을 받은 남자 직원들이 와서 아저씨를 타일러 밖으로 데리고 갔다. 한숨 돌리고 매장을 순찰하는데 고객상담실 직원이 나를 애타게 찾는다는 연락을 받고 전화를 걸었다.

"여보세요. 보안요원인데요, 저를 찾으셨다고요?"

상담실 직원이 되물었다.

"아, 혹시 아까 전에 지하철입구에서 무슨 일 있었나요?"

난 아저씨가 떠올라 아까전의 상황을 다 설명했다. 그런데…

"어떤 여자고객 두 명이 상담실에 찾아왔어요. 여자보안직원이 아저씨에게 너무 무례하게 군다며 나이도 어려 보이는데 아저씨에게 팔을 붙잡고 막 뭐라 한다고 그 여직원 교육 좀 시켜달라면서요."

"!!!!!!!!!!!!!!!!!!!!!!!"

난 할 말을 잃었다. 자초지종을 모르는 상황에 그 장면만 본다면 충분히 그렇게 이해할 수도 있겠다 싶었다. 하지만 난 억울했고 모든 사실은 그게 아니라며 해명했다. 그제야 상담실직원도 웃으며 알겠다고 고객에게 알아서 설명해드리겠다고 했다. 전화를 끊고 한참을 생각했다.

'행패를 부리는 사람에게도 고객이기에 그에 맞는 대우를 해줘야 하나?'

'그럼 직원은 가만히 있어야 하는 건가?'

여러 가지 생각을 하게 만들었지만 차후에 아저씨 사연을 들어보니 조금은 이해할 수 있었다. 그 아저씬 반대편 시장상권에 오래전부터 옷 판매업을 하시는 분이셨고 백화점이 들어서게 되자 손님이 뚝 떨어져 장사가 망하게 되었다고 한다. 그래서 백화점을 볼 때 마다 화가 나셨다고 한다.

이처럼 근거 없는 사연은 없고 사연 없는 사람도 없나보다.

무료쿠폰

백화점에선 매번 다양한 세일을 진행한다. 쿠폰 북이 발송되고 화장품 샘플무료쿠폰이 들어있는 날엔 오픈시간 되자마자 무섭게 뛰어드는 고객들로 감히 상상을 못한다. 주로 우리가 질서를 유지하는 업무를 해내지만 막무가내인 일부 고객들로 인해 유리멘탈이 되어간다.

그날도 어김없이 세일이 있는 날이었고, 안전한 질서 유지를 위해 남자보안요원이 큰 소리로 말했다.

"고객님들, 안전을 위해 줄을 지켜주십시오."

그러자 날카로운 여자 목소리가 매장을 울린다.

"아저씨!!"

어떤 아주머니가 상기된 얼굴로 부르며 말했다.

"내가 제일 먼저 왔어. 근데 저 앞에 있는 여자는 뭔데? 줄 똑바로 세워야지!! 새치기하는 사람들 안보고 뭐하냐고!!"

그렇다. 먼저 왔지만 다른 사람이 앞에 있어 화가 난 모양이다. 하지만 오픈 전부터 뛰지 말라고 다친다고 수십 번을 얘기해도 들어서는 순간 우사인 볼트가 되어 달리는 사람들에겐 우리의 얘기가 들릴 리 없다.

새치기한 당사자의 여자는 절대 뒤돌아보지 않는다. 보안요원이 다가가 설명을 하니 그제야 돌아보며 새치기한 여자가 말을 했다.

"어쨌든 내가 먼저 왔잖아요. 그럼 지가 먼저 오든가. 참나. 그리고 아저씨, 처음부터 똑바로 일을 하셨으면 이런 일 없잖아요?"

결국엔 또 우리 잘못이다. 이건 또 무슨 장단인가? 어디에 맞춰야 하나? 자진모리장단에 춤이라도 추고 싶다.

무료샘플하나를 받기위해 서로 싸우는 고객들은 흡사 전쟁영화를 연상케 한다. 끝내 받지 못하게 되면 매장 직원에게 따지고 다른 샘플이라도 가져가겠다며 억지를 부린다. 직원들을 향해 원망하며 샘플을 받기위해 여기까지 온 차 주유비, 택시비가 아깝다며 호소한다.

'대체 화장품 샘플이 무엇이란 말인가?'

매장은 고객을 유치하기 위해 애를 쓰고 그 결과의 몫은 고객이 부담한다. 누구의 잘못이라 할 수도 없다. 이벤트성 행사가 있는 날이면 어김없이 고객상담실에 사람들로 넘쳐나고 상담실 직원들은 일일이 대처하느라 정신없이 바쁘다. 이런 일을 몇 번 겪고 난 후 이제는 매장담당들이 나서서 번호표를 나눠주기 시작했고 그 후엔 질서 있는 모습을 볼 수 있었다. 뭐든지 시행착오가 지나야 좀 더 나은 방법을 찾게 되는 것 같다.

반값 수박

수박이 반값이라는 행사 전단지가 시내에 깔리고 난 그저 고객들이 조금 많을 것이라는 예상만 했다. 당일 날 상상을 초월하는 사람들로 지하철입구가 터져나갔다. 부산에 살고 있는 사람이 다 온 것 같았다. 긴급히 추가인원 보충으로 다른 층 보안요원들과 매장담당직원들 모두가 한마음 되어 오픈하기만을 기다리고 있었다. 오픈음악이 매장에 퍼져나갔다. 안내데스크 직원들이 문을 조심스럽게 연다. 〈영화300〉을 보는 것과 비슷한 장면이었다.

'스파르타!!!!!!!!'

사람들은 뛰어 들어오기 시작하고 보안요원들이 소리쳤다.

"뛰지 마세요. 다칩니다. 조심하세요!!!!!!!"

줄을 세우려고 쳐놓은 바리게이트는 휘청거렸고 보안남직원이 뛰지 못하게 중간에서 몸빵 아닌 몸빵으로 제지를 하자 수많은 사람들은 밀어댔고 밀리고 밀려 명찰이 날아갔다. 주울 공간도 없이 밀려드는 낯선 사람과 얼굴을 마주보며 대면하게 되었다.

남직원이 나지막한 목소리를 뱉었다.

"으윽… 악… 휴우……"

힘겨워 보이는 직원을 신경 쓸 시간도 없이 나와 실장님은 수박을 챙기느라 정신이 없었다. 그렇게 얼마가 지났을까? 모든 수박이 품절되었고 한숨을 돌리자 이번엔 고객들이 단체로 항의하기 시작했다.

"아까 뛰어 들어오다 넘어졌다. 누가 보상해 줄 거냐!!"

"치료비와 정신적인 피해보상을 해 달라."

(하아… 저희는 뛰지 말라고 목이 터져라 외쳤습니다.)

"왜 이런 행사를 진행하느냐?"

(그건 저도 모르는데…)

"수박을 더 가져다 달라!!"

(있어야 가져다 줄 텐데…)

"앞으론 다신 여기 안 온다!!"

(각자의 선택을 존중합니다.)

"○○백화점으로 갈아 탈거다!!"

(다양하게 이용하고 오셔도 됩니다.)

화가 많이 나 보이는 고객들을 진정시키려 이내 담당직원이 왔고 상담실로 모시고 갔다. 수박의 대참사는 아직까지 잊혀 지지 않는 행사였다. 그 이후로 수박의 깜짝 세일은 사라졌다.

싸움의 기술

 같이 일하다 보면 나와 잘 맞는 사람과 맞지 않은 사람, 무난하게 지내는 사람들이 있다. 제일 좋은 관계는 나와 잘 맞는 사람이겠지만 내 생각에는 무난한 사람이 제일 좋은 것 같다. 잘 맞는 관계는 빨리 친해지고 서로 의지할 수 있는 관계로 발전되지만 그만큼 비밀공유를 많이 하게 되어 속속들이 아는 관계로 발전한다. 그러다 서로 간에 문제가 생겨 틀어지게 되면 그 비밀들은 제3의 인물들에게 밝혀지고 꼬리에 꼬리를 물어 내가 전혀 모르는 사람들도 나에 관해 다 알게 되는 최악의 관계가 되어버린다.

 나와 같이 일하는 남직원이 있었다. 그는 자기가 추구하는 바가 다른 사람과 다를 땐 불같이 화를 내며 또 금방 풀어지고 정이 많아 자기기준에 괜찮다고 느끼는 사람들에겐 심적으로나 물적으로 아낌없이 주는 사람이었다. 같이 일하는 사람들은 그의 성격을 알기에 트러블이 생겨도 적당한 선을 유지하고 끝내버렸다.

그런데 어느 날 아주 활기찬 남직원이 신입으로 들어왔다. 그 둘은 곧장 친해지는 듯 보였다. 같이 밥 먹고 같이 담배 피우러 가는 모습이 자주 보였던 것이다.

오전 오픈시간이 지나고 난 사무실에 혼자 앉아 업무를 보고 있었는데 갑자기 욕을 하며 신입이 박차고 들어왔다. 흥분된 목소리로 나에게 당장 그만두겠다며 짐을 챙겼다. 내가 무슨 일인가 싶어 물어보려는데 그 뒤에 남직원이 쫓아왔다. 둘은 다시 티격태격했고 키가 큰 다른 직원이 중간에서 말려도 둘만의 세계에선 보이지 않았나 보다. 그러다 빠른 속도로 둘은 밖으로 나가버리고 상황정리를 하고 있는데 키 큰 직원이 바닥에 누워있는걸 발견했다.

"거기서 뭐해요?"
"씨발 것들. 졸라 짱나네!!"
소리를 지르던 직원은 알고 보니 중간에서 싸움을 말리다 잘못 맞고 뻗어버린 것이었다. 내가 괜찮은지 물어볼 기회도 없이 그는 빛의 속도로 일어나 이내 사라졌다.

역시 남의 싸움은 말리는 게 아니었나 보다. 상황이 호전된 뒤

애길 들어보니 별일 아닌 일이 커져버린 케이스였다. 같이 담배를 피다가 신입말투가 좀 거슬렸다고 한다. 점점 짧아지는 말투에 말조심하라며 경고를 주었는데 까불거리며 계속 장난을 쳤다고 한다. 그 순간 감정이 폭발하여 싸우게 되었다는 것이다. 친한 관계에서 최악의 관계로 끝나버린 것이다. 죄가 있다면 서로를 잘 알지 못한 점이었다.

사람을 상대함에 있어 서로 간에 어느 정도의 예의는 갖춰야 한다. 제일 어려운건 나와 친한 사람에게 예의를 갖추는 것이다. 내가 이 사람과 오래 관계를 유지하고 싶다면 오늘부터라도 기본적인 예의를 갖추는 게 어떨까?

사랑과 전쟁

한적한 오전이었다. 매장 순찰을 하던 중 어느 매장에서 큰소리가 들려왔다. 이동해보니 중년 남성과 여성이 판매직원을 향해 소리를 지르고 있었다. 무슨 일이냐고 물으니 판매직원은 아무 말 못하고 있었고 고객으로 보이는 두 사람은 우리를 보자 더 흥분하며 언성을 높였다.

"여기 매장 책임자 나오라고 해!! 어디서 저런 꽃뱀 같은 년에게 판매를 시키고 있어!!"

우린 더더욱 무슨 상황인지 알고 싶었다. 진정하시라며 어찌된 상황을 차근차근 물어보았다.

"여기 같이 온 남자가 내 동생이야. 그런데 저년이 내 동생 와이프를 꼬드겨 바람을 피우게 하고 결국엔 이혼까지 했어. 착하디착

한 올케를 이렇게 만든 건 저년이야!! 저런 년은 이런 곳에서 일하게 하면 안 되지. 도대체 뭘 보고 직원을 뽑는 거야?!!"

애길 듣는 순간까지 황당 그 자체였다. 그렇다 우린 남의 사생활까지 물어가며 직원을 뽑진 않는다. 하지만 꽃뱀이라니? 얼른 상황을 수습하기 위해 나와 남직원은 고객을 타이르기 시작했다.

"우선 사무실에 가셔서 애길 하시지요. 진정하세요. 제가 안내해 드릴 게요."
그러자 그 남자와 여자는 더욱 더 큰소리로 소리쳤다.
"내가 죄지었어? 어딜 자꾸 가잔 말이야!!"
라며 더욱 더 반항했고 심지어 휴대폰을 집어 던지며 바닥에 드러누웠다.
"여기서 이러시면 영업방해입니다. 사무실에 가셔서 애길 나누시죠."
보안직원 세 명이 붙어 둘을 겨우 데리고 나갔고 가는 순간까지 소릴 질러댔다. 매장 담당자가 관련 직원을 불러 대면을 했고 여기서도 큰소리는 오고갔다. 그런데 좀처럼 나아지지 않았고 판매직원은 계속 억울하다고만 하였다.

"내가 당신 올케랑 친한 건 맞지만 지금은 나도 연락이 끊겼어요. 그리고 내가 절대 바람을 피게 만들지 않았고 등산동호회로 몇 번 본 게 다니까 더 이상 나에게 뭐라 하지 마세요."

그러자 중년 남성과 여자는 그 직원의 머리채를 쥐어뜯으며 말 같지도 않는 소리 하지 말라고 외쳤다. 우린 나아지지 않는 상황에 경찰을 부르고 인계하였다.

도대체 누구 말이 맞는 건진 알 수 없었다. 하지만 매장에 찾아와 그렇게 소란을 피우는 게 옳은 일인가? 남의 가정사를 자세히 알지 못하고 함부로 말할 수도 없다. 간섭하고 싶은 생각은 더더욱 없다. 다만 드라마로 접하던 〈사랑과 전쟁〉이 드라마 애기만은 아니라는 사실이 절로 느껴졌다.

은혜를 원수로 갚다

―

　매장에 고객들이 자주 왔다 갔다 하니 자연스럽게 습득물이나 분실물 접수가 많이 들어온다. 접수하게 될시 근무자가 이동해 매뉴얼대로 수첩에 받아 적으며 사무실로 인계를 한다.

　어느 날 지갑을 주웠다는 연락을 받았다. 사무실로 가져온 습득물을 확인하여 보관하고 있던 찰나 자기가 주인이라며 여자고객이 찾아왔다. 신분증을 확인하고 돌려줬는데 갑자기 화를 내기 시작했다.

　"저기요, 안에 있던 현금은 어디 있나요?"

　난 의아해하며 다시 물었다.

　"저희가 접수 받았을 때부터 현금은 없었습니다."

　그러자 대뜸 사무실로 들어오더니 큰소리쳤다.

　"아니!! 안에 5만원이 분명히 있었는데 없었다는 게 말이 됩니까? 아가씨 장난하나!!"

난 더 황당해 했고 실장님이 오셨다. 실장님은 다시 차근차근 고객에게 주웠을 때부터 현금은 없었다며 처음 습득했던 판매직원과 같이 확인을 했으나 없었다고 얘기했다. 그랬더니 그 고객이 소파에 무작정 드러눕는 것이었다.

"아니야!! 분명히 있었어. 없었다는 게 말이 안 된다. 이 사람들이 거짓말하는 거다. 나 돈도 없어서 집에도 못 가는데 흑흑…"

하며 울기 시작하였다. 우리는 멍하니 상황을 바라보다 실장님이 타이르기 시작했다.

"집이 어디십니까? 차비를 좀 드리면 되겠습니까?"

그러자 눈물을 뚝 그치며 고객은 택시를 타고 집에 가야한다며 택시비를 요구했다. 아… 무언가 싸한 느낌이 머릿속을 스쳐 지나갔다. 이윽고 3만원을 받아 챙겨 떠난 여자고객은 뒤도 보지 않고 떠나갔다. 물론 그 여자고객의 말이 사실일 수도 있다. 하지만 나라면 지갑만이라도 주워준 걸 고맙게 생각했을 텐데 돈이 있든 없든 말이다.

세상엔 다양한 사람들이 있다. 사고방식도 다 달라서 하나하나 만족시켜 주기엔 힘들다. 서비스도 그런 것이다. 상대방에게 최상의 서비스를 제공했는데 상대방은 그렇지 않다고 느낀다면 최악이될 수 있다. 모두를 만족시킬 수 없으나 양심적인 마음으로 진실 된서비스를 제공한다면 상대방도 충분히 느끼리라 본다. 그런 것조차도 거부하는 사람들에겐 그에 맞는 저렴한 서비스가 최상이다.

연예인

일을 하다보면 가끔씩 연예인을 목격하는 일이 생긴다. 공식적
인 행사나 비공식적으로 연예인을 보게 되는 날이면 티를 내진 못
해도 호기심과 팬심에 기대하는 바가 커지곤 했었다. 난 한참 연
예인에 관심이 많던 터라 사인회를 개최하는 날이 다가오면 긴장
도 되고 설렘에 가슴이 뛰기도 했다. 유명한 영화배우부터 가수,
개그맨, 운동선수까지 다양한 연예인을 마주하며 가이드라인을
치고 줄을 세우며 고객통제를 하면서 행사가 끝날 때까지 안전하
게 업무에 임한다.

어느 날이었다. 매장에서 유명한 운동선수가 쇼핑을 한다는 연
락을 받고 마침 담당하는 근무 층에서 우연히 볼 수 있는 기회가
생겼는데 신기함 그 자체였다. 그 당시 운동선수의 인기는 엄청 높
았기 때문이다. 위층으로 이동하려고 에스컬레이터를 탄 순간 우

연히 동승하게 되었고, 옆에 일행으로 보이는 여자 분이 있었는데 작은 키와 짧은 치마에 망사스타킹을 신은 그녀는 눈에 띄는 예쁜 외모였다. 그녀가 여자 친구라 직감하곤 몇 번을 망설이다 주머니에 있던 수첩을 꺼내 말을 꺼냈다.

"사인 한 장만 받을 수 있을까요?"

운동선수는 난감한 표정으로 여자 친구를 한번 쳐다보았고 결심한 듯 얘기했다.

"아니요. 지금은 안 됩니다."

"네? 아, 예......"

순간 민망하였지만 너무나 단호한 말투에 수첩을 다시 집어넣었다.

'그럼 도대체 언제 되는 거지??'

여러 생각들이 머리에 스쳐 지나갈 때 둘은 유유히 명품매장으로 사라져 갔다. 생각해보니 공식적인 자리가 아니라 피한 것 같았고 그들도 사생활이 있기에 이해하며 아쉬운 마음을 접었다. 그 일이 지난 요즘은 TV에서도 보이지 않는다.

두 번째 기억에 남는 연예인은 연기자였는데 매장 브랜드 행사로 초청해 사인회를 열었던 날이다. 남자, 여자 배우 두 명이었는데 남자 분은 한참 뜨는 신인 배우였고 여자 분은 예전에 인기가 많았으나 지금은 잠시 주춤한 상태였다. 줄이 두 갈래로 나누어졌고 받고 싶은 사람을 선택해 받는 것이었다.

어느 순간부터 남자 쪽의 줄이 길어지기 시작했다. 그러더니 여자 쪽은 휑하니 비워져 있는 것이다. 얼마나 시간이 지났을까? 갑자기 탁탁 거리는 소리가 나서 쳐다보니 여자 연기자의 얼굴이 붉어져 있었고 손에 쥐어진 볼펜으로 책상을 두드리기 시작했다.

그러더니 여배우는 남자배우를 바라보며

"아 짜증나. 진짜 짜증나…"

이러는 것이었다.

아무래도 무엇인가 화가 난 게 분명했고 행사가 마무리되고 갑자기 혼자 매장으로 내려가 쇼핑을 하기 시작했다. 같이 온 매니저가 찾으러 다니다가 겨우 찾고는 차에 태우고 사라져 갔다. 나는 황당하면서도 여배우의 예상했던 이미지와 다른 모습에 한참을 생각을 하게 되었다. 대중들은 연예인들의 모습을 보고 보여 지는 겉모습과 인성에 그 사람을 평가하고 판단 내린다. 하지만 그들만의 진짜 속사정은 일반사람들은 잘 알지 못한다.

화려한 조명과 팬들 사이로 행복함을 느끼다 혼자가 되었을 때 사무치는 외로움에 울기도 하고 남들이 부러워할만한 부를 누리며 살다가도 인기가 예전 같지 않을 때 들어오는 수입의 적자는 허무함과 괴로움을 느끼게 하며 이런 감정은 당사자가 아니면 이해할 수 없다. 그렇다고 연예인이라는 직업을 그만두고 다른 사업을 하려고 하면 기다렸다는 듯이 기회를 보고 사기꾼들이 모여든다.

어려서부터 연예인을 했다면 사회생활경험이 없어 돈에 대해 밝지도 계산적이지도 못하여 사람을 너무 쉽게 믿어버려 좋은 인연과 나쁜 인연을 구분하기도 힘들다. 한번이라도 사건사고가 생겨 나락으로 떨어지면 대중들은 그를 외면하고 이미지를 회복하기 위해 수년에 걸쳐 복귀를 위해 노력하지만 그 비워진 공간에 대중들은 새로운 사람에게로 관심사가 향해 진다.

고민이 생겨 털어놓을 수 있는 사람을 만나기도 힘들며 어렵게 가족 친구들에게 털어놓아도 속 시원하게 해결되지 않아 정신적으로 힘들고 비밀유지로 인해 혼자만의 고충이 생겨버린다. 일반인들에겐 평범할 수 있는 상황이 이들에겐 힘든 일이 되고 연예인을 그만두게 되면 소속사에서 제2의 직업을 찾아주기 위해 노력해주지도 않는다. 어쩌면 당연한 일이겠지만 이런 모든 시스템은 연예인들의 삶이자 쳇바퀴 같은 일상이다.

나의 아버지도 젊었을 때 음악을 하셨다. 밴드의 드러머셨고 매니저로도 활동하시다 안정적인 삶을 살기 위해 꿈을 포기하셨다. 그 과정에서 일어나는 여러 가지 상황을 직접 듣고 겪어 연예인의 고충을 남들보다는 이해할 수 있는 부분이 많다. 그들의 삶은 보여 지는 게 다가 아니다. 화려한 모습 뒤로 수많은 악플과 희생으로 이용당하기도 하는 그들을 항상 응원하고 싶다.

로스범

매장에 근무하다 보면 물건을 훔쳐가는 사람(로스범)을 종종 볼 수 있다. 어느 날 카트기안에 각종 옷과 식료품까지 가득 실고 전 층을 돌아다닌다는 여자가 있다는 연락을 받고 이동했다. 언뜻 봐 도 많은 물품과 다리 한쪽이 불편한 듯 절뚝거리던 여자는 우리가 보고 있다는 걸 눈치 챘는지 갑자기 밖으로 나가버렸다.

우리는 목격자를 확보하고 계산 안 된 걸 확인한 뒤 조용히 바깥 으로 따라 나섰다. 급하게 짐을 챙기고 택시타려는 여자를 붙들었 다.

"잠깐만요!!"

"네? 왜 그러시는데요?"

"가지고 계신 물품 확인 좀 하겠습니다."

"네? 갑자기 왜요?"

"자세한 건 사무실에 가서서 얘기하시죠."

"나 바빠요!! 당신들하고 할 얘기 없어요!!"

"소란스럽게 하고 싶지 않습니다. 봉지 안에 물품 확인 좀 할게요."

그러자 그 여잔 소릴 지르며 말했다.

"이것들이 미쳤나. 빨리 놔! 안가! 바쁘다고!!"

"계산 안하셨죠? 경찰 인계하겠습니다."

"아니, 그러지 말고 계산할게! 하겠다고오!!"

"사무실로 가시죠."

허탈한 표정으로 따라오던 여자는 짜증스런 표정이 역력했다. 사무실에서 물품을 살펴보니 계산 안 된 물품이 어마어마하게 나왔다. 우린 담당경찰서에 인계했고 형사들은 도착했다. 형사들이 오자 여자는 더욱더 불안한 표정을 지으며 갑자기 화장실을 가겠다고 했다.

"제가 안내해 드릴 테니 같이 가시죠."

"나 혼자 갈 수 있다고."

하더니 재빠르게 나가다 복도에서 그만 바지를 벗고 실례를 하였다. 순간 너무 놀란 난 어찌할 줄 몰랐다.

'헉……'

주변사람들의 이목이 집중되었고 때마침 청소하던 미화원님이 토끼 눈이 되어 나와 마주치며 울상을 지었다. 아무렇지도 않게 일어나던 여자는 나를 째려보았다.

"급했다고, 짜증나게 하네. 진짜 재수가 없으려니까."

이윽고 형사들이 경찰서로 데려가려하자 그때부터 더 심한 반항을 하며 차에 타지 않겠다고 했다. 형사들이 타일렀다.

"빨리 타세요. 우리 바쁩니다."

"안가, 안 간다고!!!!!"

버티던 여자가 갑자기 상의를 벗기 시작했다. 놀라던 형사들이 눈을 돌렸고 나를 보며 도움요청을 하였다. 난 다가가 옷을 입혔고 그 여잔 또 벗어댔고 난 다시 입히면서 경찰서까지 동행하였다.

경찰서에 도착하고 조서를 꾸미던 형사가 말했다.

"이거 뭐야. 전과가 있네!!"

단순절도로 몇 건의 전과가 있었다. 그 여자는 이내 포기한 눈으로 한숨을 쉬었다. 우리가 발견하지 못하고 보내버렸다면 저 여자는 절도를 다른 곳에서 계속 할 수도 있을 것이다. 경찰서를 나오면서 뭔가 뿌듯하면서도 찜찜한 기분이 들었다.

오픈시간

———

백화점 오픈시간이 다되어 가면 항상 출입구는 사람들로 북적거린다. 정문과 후문 등 모든 출입구는 보안직원들이 서서 오픈을 준비한다.

어떤 남직원의 얘기다. 정문에서 오픈준비를 하고 있는데 외국인이 찾아왔다. 프랑스어를 구사하던 남자는 한국말을 전혀 몰랐고 자꾸 들어가려고 하자 직원이 제지를 하였다. 외국인이 영문을 모른 채 쳐다보자 오픈시간을 영어로 안내 하였으나 잘 못 알아들어 프랑스어로 재차 물어보았다고 한다.

순간 직원은 주변을 살펴보았고 이내 사람들이 어떻게 안내하는지 궁금한 표정으로 쳐다보고 있어 시선을 한 몸에 받았다고 한다.

이 사람들 기대에 부응해야 한다. 이대로 쪽팔릴 수는 없다며 맘을 다잡고 애써 당황하지 않은 척 외국인에게 작은 목소리로 이렇게 말했다고 한다.

"오픈 타임 열쉬 부앙~(10:30분)"
나름 프랑스어로 흉내를 내고 자기 자신이 너무 부끄러워 시선을 피했다. 그러자 환하게 미소를 지은 외국인이 말하였다.
"Thank you.^^"

그 말을 듣는 순간 머릿속은 더 혼란스러웠다고 한다. 자신의 말을 이해한 건가 싶어 놀라웠고 유유히 떠나는 외국인을 보고 안도의 한숨을 쉬었다고 한다. 그 이후로 한동안 오픈시간과 마감시간을 외국어로 찾아보고 다녔다는 후문이다.

개소리

요즘 어딜 가나 강아지를 데리고 다니는 고객들이 많다. 매장에선 동물출입금지를 원칙으로 한다. 특히나 식품매장에서 강아지를 안거나 풀어놓고 쇼핑을 하는 고객이 보이면 정중히 양해를 구한다. 반발하는 고객들도 있고 따르는 고객도 있다.

그러던 어느 날 옥외주차장에서 주차를 하던 여자 고객이 있었다. 맞은편에서 주차를 하는 다른 고객이 내리려고 차문을 열자 강아지는 뛰어내리며 똥꼬발랄(?)하게 앞에 있던 여자에게 힘차게 짖어댔다.

"멍! 멍! 멍! 크아! 머어어어어엉!!!!!!!"

그 여자는 너무 놀랐고 소리를 질렀다고 한다.

"아아아악!!!!!!!"

그러자 강아지주인이 다가와 미안하단 말도 없이 강아지를 안고 떠나가 버렸다. 많이 놀란 고객은 사무실로 찾아와 자초지종을 설명했다.

"아직도 심장이 마구 뛰니 병원에 가봐야겠어요. 여긴 강아지 관리 안하나요? 그러다 강아지가 사람을 물었으면 어쩔 거예요? 그때 상황을 생각하면 정신적인 충격이 너무나 크니 백화점에서 모든 치료비용을 대주세요!!"

그러자 담당직원은 어려울 것 같다는 얘길 꺼냈고 강아지주인에게 얘길 해보는 게 어떻겠냐며 설득하였다. 하지만 여잔 단호하게 모든 책임은 백화점에 있다고 반복했다. 대화는 점점 길어져갔고 해결방법을 찾기 위한 방법은 별다른 방법 없이 몇 시간이 지나갔다.

여자가 갑자기 일어났다.

"화장실 좀 다녀올게요."

한참 후에 나타난 여자는 담당에게 자기 팬티를 얼굴에 집어 던졌다.

"이게 뭔 줄 알아? 내가 아까 놀라서 오줌 지린거야!!"

그 장면을 본 직원들은 놀라 눈이 휘둥그레 커졌다. 담당이 애써 태연한척 속옷을 주워 여자에게 주며 타일렀다.

"백화점 이용하시다가 이런 일을 겪게 되서 죄송합니다. 하지만 비용청구는 저희가 해드릴 수 없습니다."

여자는 더욱 더 흥분했고 소릴 질러댔다.

"다신 백화점 이용할 일 없을 거야. 당신들은 고객하나를 잃은 거야."

큰소리를 치며 나가던 고객은 그 이후 다신 연락이 오지 않았다고 한다.

신입교육

———

일한지 1년이 지나고 2년이 지나 점점 연차가 늘어나면서 난 자연스럽게 서열이 올라갔다. 서열이 올라간다고 해서 별다른 혜택이 주어지는 건 아니지만 그만큼 일을 처리하는 능력은 몸에 익었고 빠르게 처리할 수 있는 분별력이 생기게 되었다.

난 신입이 들어오면 자연스레 교육을 담당하곤 했는데 그래서인지 참으로 다양한 사람들을 보았다. 그중에서도 기억나는 사람이 있다. 교육을 하던 날이 지나고 혼자 매장에 투입이 되어야 하는데 시켜보니 답답한 게 한두 가지가 아니었다. 가르쳐 주면 또 까먹고 가르쳐 주면 계속 까먹었다.

"ㅇㅇ씨, 수첩에 제대로 기록은 합니까? 모르겠으면 차라리 물어 보세요. 마음대로 처리하지 말구요.”

그러던 중에 일은 터졌다. 우린 담당 층이 있으면 고정적으로 서서 봐야 할 곳이 있다. 거기에 서있으라고 했더니 자꾸 두리번거리며 나를 바라보았다. 불안한 눈빛과 초조한 표정으로 나를 감시하는 사람처럼 레이저를 쏘며 응시하는 게 아닌가? 무전으로 신입직원에게 얘기했다.

“뭘 자꾸 쳐다봅니까? 무슨 일 있어요?”

“아, 아닙니다.”

하지만 이내 똑같은 행동을 반복하여 나도 모르게 성질을 내버렸다. 이 일은 모든 근무자가 알게 되었고 저녁 간식시간에 일이 더 커져버렸다. 다른 보안직원의 목격담으로 신입이 윗사람에게 내 얘기를 하던 걸 봤다고 했다. 난 폭발했고 쉬는 장소로 신입직원을 불러냈다.

“저기요, 나한테 불만 있어요?”

“아, 아니요.”

“솔직하게 말해보세요. 뭐라 안 할 테니.”

“아, 아닙니다. 정말 없습니다.”

“정말 저한테 불만 없어요??”

“네, 제가 무슨 불만이 있겠습니까?”

그 순간 난 폭발했다.

“그럼 왜 윗사람에게 내 얘길 하고 돌아다닙니까? 뒷담화 하는

거예요? 불만이 없는데 내 욕을 왜 하는데요? 내가 여자라서 만만
해요? 뭐라도 얘길 해 봐요 좀!!"

갑자기 동공지진이 일어난 듯 눈빛은 심하게 흔들렸다. 당황해
하며 그는 어렵게 말을 꺼냈다.

"그, 그게 아니라 전 그냥 불만 얘기가 아닙니다. 아까 선배님이
일하실 때 무전으로 저한테 쏘아 붙이셔서 제가 도대체 뭘 잘못한
건지 물어봤었습니다."

내가 말했다.

"그럼 나한테 물을 것이지, 왜 뒤에서 말을 해요?"

"그, 그게 죄송합니다. 선배님."

"한번만 더 뒤에서 내말 하는 거 다른 사람 입을 통해 들리면 그
땐 정말 가만히 안 있을 거요!! 이제 나가서 일하세요!!"

쭈뼛거리며 나가는 뒷모습을 보며 울화가 치밀었다.

그 다음날 점심시간이 되어 밥을 먹고 쉬고 있을 때였다. 신입이
갑자기 문을 열고 들어오더니 무언가 결심한 말투로 말하였다.

"선배님 할 말 있습니다!!"

당당한 표정과 자신감 넘치는 힘찬 걸음걸이는 무언가 결의에
찬 모습이었다. 말이 끝나자마자 난 말했다.

"하지 마세요!!!!"

"네… 네?!!"

"무슨 말 하려는지 알 것 같으니 그냥 하지마세요. 그리고 나 쉬는 시간인데 이건 좀 너무 한 거 아닙니까?"

잠시 혼자 멍 때리고 있던 신입이 말했다.

"알겠습니다. 쉬십시오."

알고 보니 별다른 일도 아니었고 중간 중간 신입은 나 말고도 다른 직원들과 몇 차례 부딪히더니 결국 그만두게 되었다. 그만두는 사유를 설명했던 것이 생각난다.

"전 이제 예전에 했던 일 다시 하러 갑니다. 여기보다 더 좋은 곳으로 가는 겁니다."

그래서 누군가가 말했다.

"거기가 어딘데요?"

"아, 엑스트라 연기자들 차량에 싣고 장소로 이동하는 일입니다. 팀장급으로 가는 것이죠. 하하! 보안일은 저에게 있어 너무 쉬웠습니다."

그렇다. 쉬웠단다. 보안 일이… 쉬운 일 하나 못해 에피소드를 엄청 만드신 분이 그런 말 하니 아이러니했지만 거기선 잘하겠다며 다들 격려의 말을 해주었다.

그리고 시간은 흘렀다. 누군가가 이 사람을 봤다며 얘길 했다.

"친구랑 고기 먹으러 갔는데 그 사람이 우릴 테이블로 안내 하더라고요. 놀라서 쳐다보니 모르는 척 해서 저도 모르는 척 했어요."

역시나 이직한 직장도 오래가지 못했나 보다. 사람들은 누구나 좋은 직장을 원한다. 원하는 곳에 취업하기 위해 노력에 노력을 기울인다. 세상엔 쉬운 일이 라곤 없다. 하찮게 여기는 직업도 고충이 있기 마련이다. 한곳에 있더라도 그 직장에 최선을 다하고 싶다. 불만 가득한 생각으로 하루하루를 버티다간 문제가 발생한다. 이직할 상황이 안 되면 불만은 잠시 접고 일해보자. 내가 갖추어진 사람이 되면 기회는 반드시 또 한 번 찾아온다.

악플

일을 하다가 참 황당한 사건이 하나 있었다. 그날은 에스컬레이터 옆에서 근무를 하던 날이었다. 20대 초반으로 보이는 여자 두명이 에스컬레이터를 타면서부터 나를 쳐다보는 시선이 느껴졌다. 무심결에 나도 쳐다보게 됐는데 갑자기 귓속말을 하며 웃는 것이었다. 솔직히 기분이 참 안 좋았다. 그렇다고 일하는 입장에서 고객도 아닌데 '왜 쳐다봐요?' 할 수도 없지 않은가. 기분을 정리하고 그날 하루가 지나갔다.

며칠이 지나고 어느 날 사무실로 난 불려갔다. 백화점 홈페이지 게시판에 나의 관련 글이 올라왔다고 한다. 내용은 이러했다.

'다른 매장으로 올라가려고 에스컬레이터를 탔는데 보안 여직원이 서서 인사를 하고 있더군요. 진한 눈 화장이 참 맘에 안 듭니다. 서비스직 하는 사람이 그런 화장을 해도 되는 건지요? 쳐다보는 표정도 맘에 안 듭니다. 교육을 다시 시켰으면 좋겠습니다.'

담당은 이런 글이 언제 올라오게 되었는지 시간대와 날짜를 얘기해 주었다. 곰곰이 생각해보니 그 여자 둘이 생각이 났다.

'내 기억력도 대단하지…'

난 담당에게 시정하겠다고 말하며 나왔고 결국 화장품 매장에서 메이크업도 다시 받았다. 그런데 내가 하는 스타일과 별반 차이가 없었다.

'얼굴을 바꿔야 하는 건가?'

시간이 흐르고 1년이 지났다. 그날은 매장 순찰을 돌고 있었다. 로스범으로 추정되는 여자가 있어 멀리서 감시하고 있는데 어디서 많이 본 여자가 나타났다. 1년 전 컴플레인을 제기했던 여자였다. 우연히 스쳐 지나가면서 설마 했는데 일은 또 터지고야 말았다.

며칠이 지나 담당에게 또 불려갔다. 나더러 이게 또 무슨 일이냐 하였다. 글을 읽어보니 놀라웠다.

'매장에 근무하는 보안 여직원을 보았습니다. 어딜 응시하며 쳐다보는 표정이 무섭습니다. 서비스직 하는 직원이 그런 표정을 짓는다는 게 아이러니 하네요. 교육을 시키던지 다른 곳으로 보내버리던가 해주세요.'

'.........'

또 1년 전 생각이 났다. 이건 뭔가 전생에 악연이었는지 원수지 간이었는지 오만가지 생각이 다 들었다. 담당이 말했다.

"혹시 밖에서 예전에 싸우거나 사이가 좋지 않은 사람이 아니냐?? 그렇지 않고서야 자꾸 너한테만 이런 글을 쓰는 것이 이상하다."

난 솔직히 억울한 점이 많았지만 다시 생각했다. 우선 불만사항이 접수되었고 접수된 이상 개선의 여지를 보여줘야 한다. 난 멘탈을 부여잡았다. 그때 상황이 상황인 만큼 타이밍도 좋지 않았으니 조심해야겠다며 내 자신을 위로했다. 그 뒤론 다신 글이 올라오지 않았다.

지금 생각하면 그 시기가 참 힘들었는데 참지 못하고 그만두었더라면 어떻게 되었을지 이런 글을 쓸 수 있는 기회도 없었을 것이다.

TV에 나오는 연예인들은 온갖 악플에 시달리고 일일이 하나하나 대응하지 못한다. 악플러들은 또 써내려간다. 익명의 힘이란 참으로 무섭다. 인터넷 댓글란만 봐도 무서워지는 글들이 많으며 연예인이란 직업도 극한직업이라 느낀다. 모든 서비스직에 종사하고 있는 사람들에게 응원을 보내고 싶다.

유리문

그날은 날씨가 별로 좋지 않은 날이었다. 그래서인지 손님들도 많지 않았고 한산했다. 갑자기 매장 직원의 전화가 걸려왔다.

"여기 정문 앞에 고객님이 들어오다 다쳤어요. 빨리 오셔야 되겠는데요."

담당 층 근무자가 이동하였고 50대로 보이는 여자 분이 코를 움켜쥐고 앉아있었다.

"무슨 일이십니까?"

손을 떼며 말을 하던 여자 분의 코에서 피가 흘렀다.

'헉!!'

"고객님, 우선 사무실로 가시지요."

사무실에서 간단한 응급처치를 하고나니 여자 분이 잔뜩 화가 난 말투로 얘기했다.

"아니!! 앞에 유리조심이라고 써 붙여 놓든지 다른 색을 입히든
지 해야 할 것 아니에요!!"

우린 잠시 무슨 말인지 생각했다.

"고객님, 정문 유리에 부딪히셨어요?"

"그래요!! 아, 진짜 아파죽겠네. 정문을 왜 저렇게 헷갈리게 해
놓은 거예요!!"

우린 정확한 상황을 보기 위해 CCTV 판독을 하였고 자세한 모
습이 찍혀 있는 걸 확인할 수 있었다. 여자 분이 당당하게 들어오
는 모습과 한켠에 문을 열어 고정시켜 놓은 곳이 있었는데 그곳은
피하고 닫혀있는 문으로 힘차게 나가면서 얼굴을 강타했다. 열려
있는 문을 못 보신 것 같았다. 영상을 보자마자 여자 분이 말했다.

"저거 봐요!! 유리조심이라고 써놓던지. 아휴, 유리가 그렇게 앞
이 안 보여서 되겠어요? 병원 가서 엑스레이 찍어보고 확인해야겠
어요."

라며 담당과 함께 병원으로 이동했다.

다행히 코에는 이상이 없었다. 너무 깨끗한 게 문제였던가? 열
심히 매장 청소를 하시는 미화원들은 아무런 죄가 없다. 늘 고생
하시는 미화원들에게 박수를 보낸다.

화풀이

식품매장에선 카트기를 이용해 쇼핑을 하는 사람들이 많다. 주말이나 행사 땐 붐비는 고객들로 정신이 없고 그 와중에 싸움이 일어나는 경우도 있다. 어느 날이었다. 식품매장을 순찰하던 때였다.

"아, 빨리 사과하세요!! 아파죽겠네 진짜!!"

"죄송합니다."

"그게 끝이에요?? 어쩔 거예요!! 아파서 걸을 수가 없네. 아흑…"

웅성거리는 사람들을 보고 우린 달려갔다. 알고 보니 카트기 앞부분과 앞에 있던 여자고객 발뒤꿈치를 박아 고객들끼리 싸움이 난 것이다. 목소리는 점점 커져갔고 보안요원이 중간에서 제지를 하였다. 남직원의 멱살이 잡히고 뜯김을 당하면서 겨우 말리게 되었고 피의자의 일행들은 욕을 하며 사라져 갔다.

우린 몰려있던 사람들을 분산시킨 뒤 다친 고객을 데리고 사무실로 갔다. 응급처치로 약을 가져가 치료를 받던 고객이 소리쳤다.

"아, 진짜 짜증나네!! 여기 책임자 불러 부르라고!!"

매장 담당직원이 왔다.

"아니, 백화점에서 이런 일에 조치도 안 해놔요? 카트기에 받쳤잖아 다친 거 보상해줘요!!"

순간 우리가 뒤꿈치를 박은 것도 아닌데 이상하게도 피의자의 입장이 되었다. 담당직원은 고객의 발뒤꿈치의 상태를 확인하며 병원으로 같이 동행을 하였다. 이처럼 대부분의 고객들은 일이 커질까봐 직접적인 당사자에게 말을 하여 해결하려는 걸 꺼려한다.

그렇기에 문제의 모든 원인은 백화점에 있으며 배상도 여기서 해달라는 말이 많다. 왜 그런 것일까? 고객들은 백화점안에서 편리하고 안전한 쇼핑을 할 권리를 주장한다. 그 말이 틀린 게 아니다. 하지만 이곳에서 모든 문제를 해결할 수도 없다는 걸 생각해 줬으면 하는 바람이다.

포커페이스

유명한 명품매장에 중년 남성이 들어왔다. 훤칠한 키, 깔끔한 외모, 세련된 정장차림은 신사적으로 보여 졌다. 매장 직원에게 그는 이렇게 말했다.

"괜찮은 넥타이 좀 볼 수 있을까요?"

직원은 여러 가지를 보여주며 어떤 게 잘 어울리는지 친절하게 설명해 주었다. 신사는 고민하다가 말했다.

"넥타이 색깔별로 하나씩 포장해 주세요."

"네?!!"

"아, 네. 잠시만 기다려 주세요."

직원은 기뻤다. 일한지도 얼마 안됐거니와 색깔별로 하나씩이면 가격이 상당했다. 포장을 다하고 직원은 말했다.

"고객님, 계산 도와드리겠습니다."

중년의 남성은 지갑을 꺼내려다 당황하기 시작하였다.

"아… 내가 여기 근처 ○○병원장인데 지갑을 깜빡하고 두고 왔네요. 이런 어쩌지? 급해서 빨리 가봐야 하는데…"

직원은 순간 당황하여 고민하였다. 그러자 이내 남성이 명함을 보여주었다. 병원장 이름이 새겨진 명함을 보며 잠시 고민하고 있던 찰나에 남성이 말했다.

"아가씨, 정말 미안한데 넥타이부터 먼저 들고 갈 테니 계산은 조금 있다가 하면 안 될까? 명함 두고 갈 테니 걱정하지 말아요."

직원은 그의 인상과 명함을 번갈아 보다 이내 알겠다고 말하며 남성을 보냈다. 시간은 점점 흐르고 초조해진 직원이 명함속의 번호로 전화를 걸었다.

'지금 거신 전화는 없는 번호이오니………'

이건 뭔가 잘못되었다.

이미 늦었지만 ○○병원으로 전화를 했다.

"○○병원장님, 계신가요?"

"네? 그런 분은 안계십니다. 저희 병원장님 성함은 ○○○입니다."

"네에?!!!!!!!!!"

직원은 절망했고 매니저에게 모든 사실을 털어났다.

매니저는 어이없는 표정으로 보안실을 찾아왔고 CCTV 판독을 하여 인상착의는 알아내었지만 그는 이미 떠난 후였다. 끝내 범인을 찾을 수는 없었다. 그 여직원은 회사에서 잘렸고 이후 소식을 아는 사람은 아무도 없었다.

회식

신입환영회였다. 우린 신입사원들이 입사하면 고기집에서 항상 노래를 부르게 했는데 소심한 사람이건 활발한 사람이건 무조건 시켰다. 그럼 다들 긴장해서 안할 것처럼 하다 준비된걸 보여준다. 난 이 시간을 제일 재미있어 했다. 악취미 일수도 있지만 사람들의 다양한 모습을 볼 수 있어 좋아했다. 돌아가면서 한곡씩 부르고 부르기 싫은 사람은 춤을 춘다.

오그라든다. 괜히 시킨 것 같다. 그리고 한사람은 굳이 발라드를 뽑는다. 기억에 남는 노래는 이승기의 〈내 여자라니까〉를 내 앞에서 부른 직원이 있었다. 혼자 열창을 하는데 힘들어 보였다.

"누난 내 여자라니까~"

선배보고 누나라니 그리고 저 손짓은 뭘까? 어쨌든 최선을 다한 것 같았다. 박수를 치고 환호해 주었다. 이윽고 반장님의 차례가 왔고 반장님은 원인불명의 댄스를 추신다.

'와우 저건 혁명이다!!'

따라 출수도 없다. 팔 동작과 다리가 따로 논다. 표정은 또 신기방기하다. 흉내 낼 수 없는 아티스트적인 표정이다.

"반장님이 최고다!!"

"와우!!"

감탄사를 모두가 연발한다. 댄스가 끝나고 다들 웃겨서 쓰러진다. 그래서 나도 춤 췄냐고 궁금해 하신다면 당연히 나도 춘다. 난 잘 추는 건 아닌데 최선을 다한다. 반응이 아예 없진 않다. 이렇게 고기집에서 오만가지 진상을 떨고 자리에 일어난다. 원하는 사람들은 2차로 노래방에 간다. 난 반장님의 춤이 보고 싶어 2차를 갔다. 그리고는 집으로 흩어진다.

무리한 회식은 탈이 나기 마련이다. 하지만 즐거운 마음으로 가볍게 즐기는 회식이라면 서로가 더 친밀해지고 가까워지게 된다. 자주는 아니더라도 회식은 단체생활에 필요한 활력소를 주는 것 같다. 재미있고 추억에 남는 즐거운 회식이 되길 바란다.

실제상황

———

　어떤 매장에 여직원이 입사했다. 나름대로 브랜드 철학과 기대감으로 입사한 그녀였다. 열심히 일한다고 하였지만 매일 늦게 끝나는 업무시간과 막내라는 서열이 힘들었으리라 생각된다. 그러던 중 이 직원은 다른 직원의 고발로 인해 그만두게 된다. 브랜드 사은품인 물품이 5만원치 가량 분실된 것이다. 그런데 확실한 증거도 없이 막내직원이 항상 늦게 갔단 이유로 잘리게 되었다.

　그리고 시간이 흘러 매장에서 소란이 일어났다. 잘린 직원의 어머니가 찾아와 매장 직원의 뺨을 때린 것이다. 직원은 울었고 사무실로 찾아와 고소하겠다며 울분을 토했다. 당시 우리생각에도 이유 없이 때린 어머니가 이상한 사람이라 생각했는데 자초지종을 들어보니 그게 아니었다.

"저년은 맞아도 싸. 어디 할 짓이 없어 애 인생을 망치나. 아이고, 우리 딸 불쌍한 우리 딸…"

이러곤 목 놓아 우셨다.

딸은 슬럼프를 딛고 다른 매장에 입사하기 위해 공부를 굉장히 열심히 했다고 한다. 그 브랜드는 입사하기 힘든 곳으로 유명하였지만 노력한 끝에 한번 에 입사하였고 다른 백화점 매장에 배정받았다고 한다. 출근날짜만 손꼽아 기다린 그녀의 기쁨은 잠시 딸은 회사로부터 입사취소라는 통보를 받게 된다. 이유인즉 같이 예전에 일한 직원이 입사한다는 소식을 듣고 매장담당에게 과거를 폭로한 것이다. 담당은 얘길 듣고 입사취소를 하였고 다른 매장에도 소문이 나버려서 유통 쪽으로는 발을 딛지 못하게 하였다.

그녀의 어머니가 뺨을 때린 이유도 이러했다. 너무 속상하여 얘기라도 해보고자 백화점을 찾았고 일하고 있는 직원을 보고는 다가갔다.

"아가씨, 나 ○○○ 엄마인데 얘기 좀 할 수 있을까??"

"누구요?!!"

"나 여기서 예전에 일한 ○○○ 엄마라구!!"

그 직원은 이제야 생각난 듯

"아 전 할 얘기 없는데 바빠요. 바쁘니까 좀 비켜주실래요?"

어머니는 순간적으로 화가 치밀었고 뺨을 때렸다고 한다. 자기도 자식 키우면서 어찌 이렇게 독하게 할 수가 있냐며 서러워하셨다.

이 일은 커져 해당 브랜드 본사까지 알려지게 되었고 후에 해당 직원은 불려가게 되어 본사의 조치를 받았다. 하지만 망가져버린 딸의 인생은 어찌할까?

소매치기

———

이 사건은 제일 장시간동안 근무자들을 긴장하게 하고 피 말리게 했던 사건이다. 어느 날부터 고객들의 지갑이 분실되는 일이 많이 생기기 시작했다. 처음엔 단순분실로 판단했으나 날이 가면 갈수록 비슷한 수법으로 사라지는 일이 빈번했고 CCTV를 확인하자 어떤 여자가 찍혀있었다. 옷차림은 달라졌어도 걸음걸이 행동 대부분의 모습이 동일인으로 확인됐다.

그리하여 관할 경찰서 형사들과 합동으로 사복근무를 섰다. 오직 여자를 잡겠다는 일념으로 잠복을 했고 용의자는 눈치 챘는지 한동안 보이지 않았다.

그러던 어느 날이었다. 어떤 매장에서 고객의 핸드백이 분실되었다는 연락을 받았고 CCTV를 역으로 추적하였다. 그 여자임을 확인한 우리는 필사적으로 쫓았고 지하철입구로 나가던 여자를 보안남직원 두 명이 따라 붙었다.

여자는 유유히 지하철 타려고 기다리고 있었고 직원이 다가가 조용히 얘기했다. 더 이상 갈 곳이 없던 여자는 갑자기 돌변하였고 반말을 해대며 담배한대만 피겠다고 하였다. 곧이어 형사들이 왔고 경찰서로 연행되는 것을 끝으로 이 사건은 마무리 되었다.

보안요원으로 일하면서 이때가 한편으로 뿌듯했고 협동심에 놀라웠다. 그 여자는 알고 보니 어마어마한 전과기록을 가지고 있던 여자였다. 집에서 나온 가방물품만 수십 개였고 뉴스에도 보도되었다. 한 번씩 뉴스에 소매치기 사건이 나올 때 마다 그 여자가 생각난다. 내생에 가장 치열하고 긴장했던 나날이었다.

스타킹녀

저녁 무렵이었다. 매장 직원이 다가와 말했다.

"저기 매장에 젊은 여자인데, 사지도 않고 의자에 앉아서 잡지 책만 계속 보고 있어요."

난 확인하러 갔다. 키도 크고 늘씬한 여자였다. 내가 다가가 물었다.

"고객님, 필요하신 게 있으신가요?"

아무런 대답이 없다.

"고객님?!!"

갑자기 그녀는 책을 덮고 날 바라봤다.

"왜? 넌 뭔데?"

"네, 저는 보안요원입니다."

그녀는 신경질적으로 말했다.

"보안이 뭔데? 그래서 어쩌라고?!!"

"의자에 다른 고객님들도 앉아야 하는데 계속 앉아 계신 것 같아 다른 게 필요하신지 물어본 겁니다."

"신경 끄고 좀 가지? 가라고!! 짜증나게 하지 말고!!"

좀 이상한 여자인 것 같았다. 보안 남직원과 동행해 다시 설득했고 여자는 못마땅한 듯이 일어났다. 그러더니 날 보며 소리쳤다.

"야!! 내가 너 기억했다 눈에 띄지 마!!"

당황한 나는 눈에 띄지 말아야 했지만 그 여자가 나갈 때까지 쫓아다녔다. 여자는 초록색 스타킹을 신고 있었는데 굉장히 특이했다. 화장품 매장에 내려와 테스트용 화장품을 하나하나 발라보며 판매 직원에게 물어보았다.

"이건 어디에 좋냐? 저건 뭐가 좋은데?"

한참을 얘기하던 그녀는 우리를 노려보며 백화점을 나갔다. 차후에 그녀의 소식을 들었는데 저 여자는 다른 백화점에서도 유명한 초록색 스타킹녀였다.

당당한 요구

여성의류 매장에서 다급한 전화가 왔다.

"○○매장 매니저인데요, 빨리 보안직원 좀 보내주세요. 빨리요!"

담당 층이라 해당 매장으로 향했고 매장에선 매니저와 고객으로 보이는 할머니가 앉아있었다.

"안 된다니까요!"

"왜 안 되노. 왜!"

"어머님, 이 제품은 구매하신지 1년이 넘었어요. 근데 바꿔달라고 하시면 안 됩니다. 저희도 규정이 있어요!!"

"아이고, 규정 같은 소리하네. 내가 이 옷이 불편해가 못 입겠다는데 그냥 바꿔 달라카면 바꿔 주는 거지 무슨 소릴 하노! 빨리 바꿔도!"

막무가내인 할머니와 매니저 간에 실랑이는 계속 되었고 목소리는 점점 커져갔다.

"아, 진짜 바꿔도. 시간 간다. 내 바쁘다."

"안 되는 건 안 되는 겁니다."

매니저는 다급한 표정으로 날 쳐다봤고 나는 고객에게 매장규정이 이러하니 교환은 안 된다고 말을 하였다.

"너거들 하고 통말이 안통해서 몬살겠다. 이거라도 들고 간다."

하면서 행거에 진열되어 있는 옷을 하나 집더니 냉큼 가져가는 게 아닌가. 매니저와 난 황당했고 내가 쫓아갔다.

"고객님, 이걸 들고 가시게 되면 계산을 안 하고 그냥 가져가게 되는 겁니다."

"놔라, 놔. 느그들 순 사기꾼 아니가! 안 바꿔주니까 다른 거 들고 가겠다고! 비키라, 놔라!"

"진정하세요. 보안실로 가서 얘기하시죠."

"싫다 내가 거기 왜 가는데?"

할머니는 있는 힘, 없는 힘을 다해 나를 밀쳤고 어찌나 힘이 센지 난 휘청거렸다. 다른 층 근무자에게 지원을 요청했고 보안실로 모시고 이동하였다. 곧이어 매장 담당자가 왔다. 할머니는 내가 뭘 잘못했냐며 따졌고 우린 담당에게 인계하였다.

담당은 할머니와 한참 얘길 나눴고 할머니는 소릴 질러대며 막무가내로 버텼다. 결국 담당과 할머니는 따로 나가버렸고 상황은 종료되었다. 의류나 모든 물품은 교환기간이 정해져 있다. 아무렇게나 바꿀 수 있다면 그런 규정이 왜 있겠는가? 조금은 답답하게 느껴진 하루였다.

수복이 vs 만복이

같이 일했던 남자 보안직원의 이야기이다. 그는 사원 중에서도 제일 나이가 많았고 전라도 사투리를 구수하게 구사하는 직원이었다.

저녁시간에 야간 조와 교대를 하던 시간이었다. 근무자중에 수복이라는 이름이 있었는데, 고객이 지하주차장에서 만보기를 분실하였다는 신고를 받고 찾으러 내려갔고 내가 대신 교대를 하러 갔다.

남자 보안직원은 나에게 이렇게 말했다.

"문정아, 수복이 어디 갔냐?"

"지하에 만보기 찾으러 갔는데요."

"어? 뭐라고? 수복이가 만복이를 찾으러 갔다고라??"

"네, 만보기 찾으러 수복이 오빠가 갔어요."

"어? 아니, 근데 수복이가 만복이랑 무슨 관계냐?"

"네? 무슨 관계이긴요. 만보기가 만보기죠, 뭐."

"아 그럼 둘이 친한 관계냐잉??"

'엥?!!!!!!!!!!!!!!!!!'

생각해보니 만보기를 만복이로 알아들은 것이었다. 만보기를 사람이름으로 착각한 그분은 전설의 에피소드를 남기고 사라진 유명한 분이 되었다.

호칭

보안 남자직원의 이야기이다.

오전에 직원 출근을 위해 매장에서 에스컬레이터를 가동하려고
서 있는데 갑자기 뒤에서 판매여직원이 보안직원에게 말했다.

"삼촌아, 빨리 에스컬레이터 좀 켜주라. 나 매장에 빨리 가야 된다."

남직원은 대답을 하지 않았다.

"삼촌아, 빨리. 어? 삼촌 대답이 없노? 삼촌! 삼촌!!"

아무 말이 없던 직원이 뒤를 돌아보며 말했다.

"저기요, 아지메. 내 압니까? 여기가 술집이요? 나더러 왜 자꾸
삼촌, 삼촌 하는데예?"

당황해 하던 직원은 재빨리 자리를 피해버렸다고 한다.

남직원이 나에게 말했다.

"부르는 방법이 틀렸다이가. 나이도 나보다 훨씬 많은 여자던데

내가 무슨 지 삼촌이고…"

직원들 간에 부르는 호칭에 삼촌이란 단어는 어울리지 않는다고 했다. 생각해보니 내가 제일 많이 듣는 호칭은 아가씨였다. 고객들은 나에게 항상 '아가씨'나 '저기요'라는 호칭을 제일 많이 썼고 보안요원이라는 말은 드물었다.

가끔씩 반말로 말하는 경우도 있는데 나이 드신 분들이 그렇게 말하면 이해할 수 있다. 하지만 애매한 나이대의 사람들이 꼭 반말을 한다.

"야, 화장실 어디 있노? 어디로 가라고?"

그래도 웃으면서 우린 응대한다.

"고객님, 앞쪽 통로 따라서 쭉 가시면 오른편에 화장실 있습니다."

실컷 설명하면 이런 말을 듣는 경우가 있다.

"머라카노?"

고객은 일행들과 한마디 던지고는 사라진다.

그럴 땐 어이없게 힘이 빠진다. '그럼 왜 물어 본거지??' 다시 되묻고 싶지만 그렇게 할 수 없다. 서로에게 호칭을 잘못 써서 상처가 되는 말이 되지 않았으면 한다. 부르기 애매할 땐 '저기요'라는 말이 그나마 낫다.

상대방의 마음을 모를 땐 거리를 두자. 어설픈 친한 척은 싸움을 유발하기도 하는 애매한 친화력이다.

축구선수 사인회

부산에는 유명한 축구단이 있다. 사인회를 한다는 소식에 연예인만큼의 인기가 있긴 않겠지 하며 대수롭지 않게 생각했다. 사인회 당일이 되어 밀려드는 팬들로 인해 센터 앞은 인산인해가 되었다. 보안요원들이 총동원했고 바리게이트를 쳐서 공간을 확보했지만 불안했다. 겨우 줄을 세우고 안전을 위해 밀지 말라고 소리쳤다.

선수들이 입장하자 팬들은 더 크게 소리를 질러댔다.
"악!!!!!"
"우어아아아아아악!!!!!"
울려 퍼지는 굉음에 사람들이 놀라 쳐다보고 흥분하는 팬들을 보며 진정시켰다. 팬들은 선수들에게 사인을 받으며 행복한 표정을 지었다. 솔직히 난 그들이 누군지도 잘 몰랐기에 어리둥절할 뿐이었고 다른 직원들도 마찬가지였다. 통제를 시키고 밀려드는 사람들을 몸빵으로 막아냈다. 몸에서 땀이 나고 지쳐갔다.

별 탈 없이 사인회가 끝나고 우리는 정리하며 지친 몸과 마음을 달랬다. 광경을 보고 있던 팬 중에 한명이 보안 남직원 한명에게 반했다며 캔 커피를 사들고 와서 고생이 많다고 나눠주고 가는 것이었다. 어떨 결에 팬이 생긴 직원은 황당해 하면서도 좋아하던 표정을 감출 수 없었다.

며칠이 지나 인터넷뉴스에 우리 사진이 실렸다는 소식을 들었다. 기자들이 사인회에서 여러 장의 사진을 찍어 뉴스에 실은 것이다. 사진 속 표정에서 그날 힘들었던 모습들이 스쳐 지나갔다. 힘든 하루였지만 보안요원의 새로운 소녀 팬으로 인해 지친 몸에 잠시나마 피로회복제가 되었다. 그 소녀에게 지금이라도 고맙다는 말을 하고 싶다.

버스

———

난 항상 출퇴근 할 때 이용하는 좌석버스가 있었다. 가장 빠르고 간편해서 매일 타는 버스였다.

그날도 어김없이 퇴근 후 버스를 타려고 가는 길이었다. 신호에 걸려 버스가 정차되어 있는 걸 확인하고 최선을 다해 뛰어갔지만 버스기사는 문을 열어주지 않았다. 정류장 앞이었는데도 쳐다보질 않는 것이다. 다가가서 버스 앞문을 두드렸다.

"저기요. 아저씨, 문 좀 열어주세요."

그제야 힐끗 쳐다 본 기사는 문을 열었다. 그래도 고마웠기에 인사를 했다.

"감사합니다."

하고 카드를 찍었다. 그러자 대뜸 기사가 실실 웃으면서 나에게 말했다.

"거기 뭐한다고 서있는데? 서있는다고 다 안 열어줘. 두드리지 마."

내 귀를 의심했다. 정류장이 아닌 다른 곳이었다면 잘못한 게 맞지만 정류장 앞이었고 신호에 걸려 정차된 차였는데? 내 복장이 너무 간편한 차림이라 만만하게 생각했나? 난데없는 반말에 비웃음까지… 난 어이가 없어 탑승한 후 기사를 쳐다봤다. 기사 좌석 위를 보니 거울이 있었고 반사된 거울에 날 쳐다보며 계속 웃고 있었다.

'뭐지?'

생각하고 있는데 기사가 입으로 뭔가 계속 중얼거렸고 참다못한 나는 자리에서 일어나 소리 쳤다.

"아저씨, 자꾸 뭐라고 하는 겁니까? 내가 뭘 그렇게 잘못했어요?"

그러자 기사는 나에게 말했다.

"어린 것이 뭐라하노? 조용히 해라."

기사의 태도에 점점 참을 수가 없었다.

난 소리 질렀다.

"아저씨나 그만 하시죠. 어리다고 만만하다 이겁니까? 사람 한참 잘못 봤네."

주변에는 나 말고도 다른 사람들이 몇몇 더 있었다. 그들은 자세한 내막을 모르니 쳐다만 보았고 기사는 운전 내내 거울로 날 쳐다보며 짜증을 내며 운전을 험악하게 하였다.

　난 집으로 돌아와 해당 버스회사에 신고 글을 올렸다. 버스회사에서는 기사에게 교육을 시키겠다며 연락이 왔고 그 후로 기사를 볼 순 없었다.

　그런 글을 올리고 나라고 편하겠는가? 그저 난 12시간 내내 근무를 하고 피곤한 몸을 이끌고 집이라도 편하게 가고 싶은 맘뿐이었다. 태워 준 기사에게 고맙다는 생각은 들었지만 같은 서비스직종으로서 그런 대우는 참을 수 없었다.

　몇 개월이 지났다. 어김없이 버스를 타던 나는 자리에 앉아 피곤해서 눈을 붙였다.

　'끼익, 끼익'

　기사님이 급브레이크를 연신 밟는 게 아닌가.

　'무슨 일이지?'

　생각하던 찰나 시끄러운 소리가 들려왔다. 잠에서 깬 나는 기사 쪽을 바라보았고 어디선가 낯이 익은 사람이 운전을 하고 있었다. 무의식적으로 그 분이라는 게 느껴졌다. 기사 이름을 확인하니 정확했다. 기사는 또 다른 손님과 다투고 있었다. 아이러니했다. 시간은 지났지만 사람의 본성은 변하지 않는가 보다.

낄끼빠빠

여직원 라커룸에서 있었던 일이다.

내 사물함이 열려있었고 안을 보니 누군가 뒤진 듯한 흔적이 있었다. 다행히 귀중품은 없었기에 문제는 없었지만 누군가 손을 댔다는 것 자체가 너무 화가 났다. 그전에도 사물함 명찰을 누군가가 계속 빼버린 일도 있었기에 더 예민해져 있었다. 난 가만히 있으면 안 된다는 생각을 하였고 일종의 경고장으로 담당 대리님의 허락을 받고 A4용지에 글을 썼다. 내용에는 한번만 더 사물함에 손댄 흔적이 있으면 경찰에 신고해서 지문감식을 의뢰한다는 글이었다. 게시글을 보고 다른 직원들은 도대체 누가 그런 짓을 하냐며 나보다 더 흥분하며 놀라워했다.

며칠이 지나 퇴근길에 옷을 갈아입으려 탈의실에 도착했다. 그런데 게시 글이 보이지 않는 것이다. 아무리 찾아봐도 보이지 않아 찾고 있는데 평소에 친분이 있던 미화아저씨가 날 쳐다봤다.

"아저씨, 혹시 여기 게시글 못 보셨어요?"

"어? 그거 여기 있다."

아저씨는 구겨진 게시글을 주머니에서 꺼내 보여주었다.

"그걸 왜 아저씨가 가지고 있어요?"

"문정아, 이거 있제, 너거 보안 욕 먹이는 거다. 보안요원이 이런 글이나 써 붙이고 있냐."

난 어이가 없었다.

"아저씨, 그건 대리님 허락받고 붙인 거구요. 아저씨가 떼서 버릴 문제가 아니거든요. 저 주세요."

"아니, 난 못 준다. 이런 걸 써 붙이고 있으면 그 안에 청소하는 우리 미화직원을 의심하는 거나 마찬가진데 내가 이걸 보고만 있어야겠냐?"

난 화가 머리끝까지 치밀어 올랐다.

"제가 언제 미화직원들을 의심했어요? 여기 탈의실 백화점 직원들 다 씁니다. 일부러 그 사람들 보라고 쓴 거예요!!"

"야, 그거는 미화직원들 의심하는 거야. 붙이지 마라!!"

"아저씨가 뭔데 이래라 저래라 하는 건데요?"

그러자 아저씨는 날 노려보며 소릴 질렀다.

"내가 붙이지 마라하면 안 붙이는 거야!!"

지나가던 직원들은 가던 길을 멈추고 쳐다보기 시작했다. 짜증이 났다. 퇴근시간인데다 약속시간이 넘어가고 있었다. 더 따지고 싶었지만 그럴 시간이 없었고 난 무시하며 옷을 갈아입으러 들어갔다.

그때였다. 아저씨가 지나가던 직원들을 붙잡고 잘잘못을 따지며 물어보고 있는 것이다. 난 갈아입고 있던 옷을 내팽겨 치고 다시 나왔다.

"뭘 잘했다고 다른 사람들한테 떠들어 댑니까?"

아저씨가 말했다.

"싸가지 없는 젊은 년이 말하는 거 봐라."

난 폭발하고 말았다.

"젊은 년? 그래, 니는 늙어서 오지랖도 태평양이다. 이번일 사무실에 보고할 테니 후회하지나 마라."

노려보던 아저씨는 엘리베이터를 탔고 난 결국 약속시간에 늦어 열이 받았다. 반장님에게 연락이 왔고 난 있었던 일을 그대로 말하였다. 항상 친절하게 웃으면서 인사했던 아저씨는 그 후로 보안실 근처에도 오지 않았고 나를 보면 모르는 척 하였다.

시간이 지나 그 아저씬 보안 남직원들과도 몇 번의 트러블을 일으켰다. 사람의 본성은 숨길수가 없나보다. 그 일이 잊혀져갈 때쯤 아저씨는 자연스럽게 아무렇지 않게 말을 걸어왔고 나도 말을 하게 되었다.

모든 일에 있어 서로의 입장이 다르고 서로의 생각도 다르다고 생각한다. 내가 옳다고 생각했던 것이 어떤 사람에게는 틀린 것일 수도 있다. 하지만 상대방의 입장으로 바꿔서 생각할 때에 분명 이해해 줄 수 있는 부분이 있다고 생각한다.

쓰레기

아침에 늦게 일어나는 바람에 추리닝을 입고 버스에 탔다. 내리자마자 열심히 뛰어가고 있었는데 정문에서 신입남직원과 마주쳤다.

"누나, 오늘 완전 쓰레기네예."

순간적으로 내가 잘못 들었다고 생각했다. 옷을 갈아입는데 계속 생각이 나는 것이었다.

'쓰레기?!! 뭐 내가? 아무리 대충 입고 왔다지만 쓰레기라니!!! 말이 좀 심한데…'

난 그날 오후 같이 일하는 남직원과 친구사이였던 여직원에게 있었던 일을 얘기했다.

"니 친구 오늘 내보고 쓰레기라더라."

얘길 들은 여자애는 정색하면서 말했다.

"언니, 걔 미친 거 아니에요? 제가 얘기할게요."

곧 남직원이 날 찾아왔고 오해라며 계속 얘기했다.

"선배님, 제가 아무리 그래도 쓰레기라 부르는 놈은 아닙니다.

아침에 추리닝이 멋져서 쓰쟁이라고 했어요."

난 이해를 못했다.

"쓰쟁이? 쓰쟁이가 뭔데??"

"스타일쟁이, 줄여서 쓰쟁이요!!"

우리들은 빵 터졌고 난 민망했다.

난 요즘도 신조어나 급식체를 잘 알지 못한다. 특히나 줄임말은

더더욱 몰라서 한 번씩 쓰레기를 볼 때 마다 난 쓰쟁이가 생각난

다.

스타일쟁이!!

그래, 난 쓰쟁이다. ㅋㅋㅋ

그 여자의 사정

———

남성의류매장에서 순찰을 돌고 있었다. 판매직원이 날 다급하게 불러댔다.

"우리매장에 CCTV 나오죠??"

"네, 왜 그러시는데요??"

"이분이 어제 영상을 꼭 봤으면 좋겠다고 하셔서요."

나는 고객에게 다가가 물었다.

"고객님, 무슨 일이세요?"

"아니, 그게…"

라며 계속 머뭇거리던 그녀는 어렵게 말을 했다.

"저희 남편이 어제 여기에서 계산을 한 것 같은데 그 모습을 확인 좀 하려고요."

"계산이 잘못 되신 건가요?"

"아니요, 실은 남편이 바람을 폈는데 어제 그 여자랑 이 매장에 온 걸 알았어요. 여자 얼굴 확인할 수 없나요?"

"고객님, 잠시만 기다려 주시겠습니까?"

난 황당했고 우선 이 상황을 보안실에 알려야 했다. 반장님은 개인정보가 있기 때문에 CCTV 열람은 힘들다고 하셨다. 이 모든 사실을 고객에게 전달하였다. 얘길 듣고 울먹거리던 여자는 계속 부탁하였지만 안 된다는 걸 인정하고는 사라졌다.

갑중의 갑

발레파킹을 하는 곳에서 소란이 일어났다. 이동해 보니 주차요원과 남자고객의 실랑이가 벌어졌다. 20대 후반의 남자고객은 언성을 높이며 말했다.

"저 새끼가 남의 차나 운전하는 주제에!!!"

사람들이 몰려있었고 그 가운데 남자고객과 주차요원이 있었다.

내용인 즉 발레파킹을 하러 주차요원에게 차를 맡겼고 남자고객의 누나가 운전을 했었는데 담배를 피우지 않는다고 했다. 하지만 운전하려고 운전석에 앉자 담배냄새가 났고 이건 필히 주차요원이 자기 차량에서 담배를 피웠던 게 틀림없다고 주장하고 있던 것이다.

주차요원이 말했다.

"억울합니다. 전 차량 안에서 담배를 피우지 않았습니다."

"저 새끼가 자꾸 거짓말하네!! 야, 너 내가 누군지 아냐?"

우린 익히 알고 있었다. 그 가족은 로열패밀리이며 VIP고객에 속한다는 것을 말이다. 차량도 각자 소지하고 있었기에 모를 수가 없었다. 주차책임자가 나와 오해를 풀려고 했으나 좀처럼 나아지지 않았고 직원을 자르라는 말까지 오고갔다.

상황이 진정되자 우린 모든 사실을 알 수 있었다. 해당 주차요원은 차량 안에서 담배를 피운 게 아니라 담배를 먼저 피고 나서 운전석에 앉게 되었다는 것을 말이다. 그 당시는 블랙박스가 활성화 되지 않았던 때였고 블랙박스가 달려있었던 차량이라면 이렇게까지 일이 붉어지지 않았을 것인데 지금 생각하면 아쉬운 생각이 든다.

백화점에선 VIP고객을 무시할 순 없다. 그들이 매출상승을 올려주는 중요한 실세들이기 때문이다. 그들을 위한 라운지와 카페를 만들어 대접하고 다양한 서비스를 제공한다. 그런 서비스가 있기에 고객들도 단골이 될 수 있다.

하지만 물품 구매할 때 쓰는 돈처럼 직원들에게도 이해할 수 있는 조금의 마음을 써줬으면 한다. 그래야 직원들도 VIP고객에 맞는 고품격 서비스를 제공할 수 있지 않을까?

변태

―

퇴근길 버스에서 있었던 일이다. 내가 즐겨 타는 좌석버스에 몸을 싣고 음악을 들으며 가고 있었다. 맞은편 앞자리에 앉은 어떤 남자가 보였다. 40대 초반에 눈은 초점 없이 상당히 불안해 보였다. 다음 정류장에서 대학생으로 보이는 여자가 탔고 그 자리에 빈자리가 생겨 앉았다. 다음 정류장이 지나고 또 지나가고 있을 때였다.

'후다닥~'

무엇인가 보고 놀란 표정이 된 여자는 뒤에 있는 다른 자리로 급히 이동하였다.

'뭐지??'

생각하다 눈을 붙이려는데 그 남자가 갑자기 일어나더니 내 옆자리에 앉는 것이었다. 찌든 담배냄새가 났고 난 미간을 찌푸렸다. 한참을 가다가 이상한 느낌에 밑을 바라보니 이 남자의 손이 내 허벅지로 가는 게 느껴졌다.

놀란 나는 가방을 번쩍 들었고 그 남자는 모르는 척 창가를 바라봤다. 내가 잘못 본건가? 이상한 느낌을 지울 수가 없었고 가방을 이내 제자리로 놓았다. 몇 정거장이 더 지나고 또 이상한 느낌을 받았다.

이번엔 확실했다. 가방을 치우고 그 남자를 뚫어져라 쳐다봤다. 그러자 또 다시 창가를 바라보며 모르는 척 하였다. 순간 나는 자리에서 일어날 것인지 기사에게 말을 할 것인지 고민했다. 내릴 정류장은 다가오고 찜찜한 기분과 더러운 기분에 휩싸인 나는 일어나며 큰 소리로 외쳤다.

"야 이, 개새끼야!!!!"

남자는 끝끝내 쳐다보지 않았고 주변사람들만 황당한 표정으로 날 쳐다봤다. 내릴 때 뒤를 돌아보자 내가 앉아있던 자리로 옮겨 앉더니 날보고 희미한 미소를 지었다. 순간 소름이 쫙 돋았다. 그 남자는 진정한 변태였던 것이다.

식신

식품매장에 항상 오던 할아버지 한분이 있었다. 그 할아버지는 시식코너의 품절대란을 일으키는 분으로 유명했다. 구부정한 허리와 좋지 않은 이로 시식을 열심히 하는 건 좋았으나 노숙자인지 아닌지 모를 행색과 냄새로 할아버지가 오는 날이면 항상 보안실에 전화가 걸려왔다.

이 날도 어김없이 연락을 받고 식품매장으로 향했다. 쫓아오는 걸 느낀 할아버지는 빠른 걸음으로 걷기 시작했고 도넛 매장으로 들어가 고객들 사이에 앉아있었다. 나올 때까지 기다리려니 한두 시간도 앉아있을 기세였고 다가가 말을 걸었다.

"할아버지, 저희가 나가는 곳까지 안내해 드릴게요."

"내가 왜? 빌어먹을 미친것들아!!"

또 폭언이 시작되었다.

고객들의 시선을 한 몸에 받고 다시금 말했다.

"여기서 오래 앉아계심 안됩니다. 다른 분들도 앉으셔야 되요."

"뭐, 이 써글 것들아! 니는 애미 애비도 없냐?"

점점 인내심도 바닥을 보이기 시작한다.

"이제 가시죠."

할아버지는 엉거주춤 일어나 우리에게 쌍욕을 퍼붓는다. 가는 길도 평탄치 않다. 다른 고객들이 보면 우리가 아무 잘못 없는 할아버지를 혼내고 있는 것처럼 보이기도 하고 심한 것이 아니냐는 질타를 하기도 한다. 하지만 할아버지를 겪어보면 생각이 달라진다.

보안요원들이 들은 폭언은 셀 수 없다. 차라리 욕쟁이 할아버지라면 이해라도 한다. 하지만 욕 수준도 경계선을 넘어간다. 경찰에 신고하고 인계한 것도 수차례다. 경찰들도 지친다. 영업방해로 신고가 들어가도 잠시뿐 다음날도 그 다음날도 어김없이 찾아온다. 그렇다고 백화점에 들어오는 자체를 막을 수도 없고 오지마라고 할 수도 없다. 그 할아버지가 나에게 했던 말이 생각난다.

"내가 4년제 서울에 유명한 대학을 나왔다. 니가 그런 데나 나올 수 있겠냐? 하긴 그런 머리라면 이런데서 경비를 하고 있지도 않겠지. 니를 낳아준 어미가 불쌍한 기라. 실컷 키워놨더니 여기서 이러고 있잖냐?"

실제로 서울의 유명한 4년제 법대를 나온 보안 요원도 있었다. 좋은 머리로 경비직을 하고 있다. 그리고 어머니가 무슨 죄인가? 서울의 유명한 4년제를 나온 할아버지는 인생의 말년을 백화점 시식코너에서 떠돌며 젊은 직원들에게 쌍욕을 한다.

'이게 과연 떳떳한 인생인가?'

말할 때마다 흔들거리며 딱딱 소리 나는 치아를 보며 절로 고개가 숙여진다. 나는 적어도 그리 살고 싶지 않은 생각뿐이다.

인형

전 남자친구에게 선물 받은 작은 인형이 있었다. 손바닥만 한 크기에 예쁘장한 여자인형이었다. 난 그 인형을 늘 가방에 걸고 다녔었다. 그러던 어느 날 퇴근하려고 버스를 탔다. 버스에서 내려 집에 왔는데 가방에 걸려있던 인형이 보이지 않았다. 아무리 찾아도 없자 난 버스나 길에서 잃어버렸다고 생각하고 아쉬운 마음이 들었다.

다음 날 출근길에 버스를 탔다. 마침 빈자리가 생겨 운이 좋다고 생각하고 앉자마자 고개를 들었다.

'헉!!'

그 인형이 좌석 위에 앉아 있는 모습으로 걸쳐져 있는 것이다. 자세히 보니 버스 안에 커튼을 치려고 걸어놓은 줄에 인형을 고정시킨 모습이었다. 난 놀라웠고 인형을 다시 가방에 걸었다. 아무래도 버스 안에서 떨어진 모양이었다. 인형의 얼굴을 보니 바닥에 쓸렸는지 살짝 더럽혀져 있었다. 속상했지만 찾은 게 다행이라고 여겼다.

　몇 주가 지나 출근길이었다. 지각할까봐 버스에서 내린 나는 최선을 다해 뛰었고 탈의실에서 옷을 갈아입었다. 그런데 가방에 걸려있던 인형이 보이지 않는 것이다.

　'또 어디로 갔지??'

　겨우 찾았는데 아까운 생각이 들었다.

　남자친구한테는 말하지 못하고 있을 때 전화가 걸려왔다.

　"너 혹시 잃어버린 거 없냐?"

　순간 뜨끔했고 아침에 있었던 일을 얘기했다. 그러자 남자친구는 나에게 믿기 힘든 말을 했다.

　"그 인형 내가 출근하다가 주웠다. 인형이 싫었으면 말을 하지. 길바닥에 버리냐…"

　난 너무 놀랐고 믿을 수가 없었다.

　남자친구에게 돌려받은 인형은 그 뒤로 집에 두었다. 볼 때 마다 무섭다는 생각이 들었다.

　'너 뭔가 있니? 자꾸 나에게 돌아오니…'

오해

식품매장을 순찰하고 있을 때였다. 행사 매대에 일하던 직원이 나보고 빨리 오라고 손짓을 했다. 다가가보니 직원은 흥분을 하며 말하기 시작했다.

"저기 앞에 파마머리에 크로스백 여자 보이제?"

"네, 왜요? 무슨 일 있어요?"

"아니, 글쎄. 매장 안에서 물건을 쇼핑백에 담더라고. 계산하지 싫어 계속 봤는데 그냥 엘리베이터로 가더니만 지금 올라가려고 기다리고 있다. 빨리 가서 확인해 봐."

얘길 들은 나는 다시 되물었다.

"이모님, 확실한 거예요?"

"그래 확실하다 내 눈으로 똑똑히 봤다니깐. 어, 어!! 지금 엘리베이터 탄다. 가라!! 가봐!!"

난 좀 더 판단했어야 할 시간이 필요했으나 상황이 급박했고 뛰어갔다.

"저기 죄송하지만 고객님 혹시 계산 안 된 물건이 있으신지요?"

"아니요, 왜 그러시는데요?"

"저희가 확인해봐야 될 게 있습니다. 영수증 좀 보여주시겠습니까?"

그 여자는 불편한 표정을 지으며 쇼핑백에 들어있던 영수증을 보여주었다. 쇼핑백 안에는 다 계산된 물품이었고 나는 순간 후회가 밀려왔다.

"고객님, 죄송합니다. 저희가 다른 사람으로 오해한 것 같습니다. 정말 죄송합니다."

난 고개 숙여 계속 사과하기 바빴다. 그 고객은 다행인지 불행인지 모를 불편한 표정으로 엘리베이터를 타고 사라졌다. 깊은 후회가 몰려왔다. 절대 해서는 안 되는 행동이었다. 원칙적으로 한다면 목격자와 같이 동행 하에 확인했어야 했다.

'아 내가 왜 그랬을까…'

난 깊은 빡침을 느끼고 행사 매대로 이동했다. 판매직원은 눈이 동그란 표정으로 날 쳐다보며 말했다.

"왜? 계산 안했더제?"

"이모님, 이런 식으로 말씀하심 안돼요. 계산 다 된 영수증이 있었어요. 저만 이상한 사람 됐잖아요."

푸념하는 나에게 직원은 얘기했다.

"아닌데, 분명 내가 봤는데… 잘못 봤나…"

정말 밉상이었다. 나는 반장님한테 유선으로 보고를 했다. 반장님께선 다음부턴 그런 실수 하지 말라고 하셨고 목격자가 없으면 잡을 수 없으니 절대 현혹되지 말라는 말을 하였다.

그 일이 있고 두어 시간 지났을 때였다. 실장님 표정이 너무 어두워 보였다. 무슨 일이 일어났음을 직감적으로 눈치 채고 다른 직원에게 물어보았다.

"왜 무슨 일 있나? 실장님 왜 저러노?"

"아니, 아까 니가 잘못 잡은 여자 지금 여성의류 매장에 있는데 식품 매장에서의 일을 매니저한테 얘기한 모양이더라. 그래서 실장님 불려 올라갔다."

"진짜? 우짜노. 난 망했다."

시간이 지나 실장님은 내려왔고 난 조심스럽게 물어보았다.

"실장님."

"왜?"

"어떻게 됐습니까?"

"손이 발이 되도록 빌었다. 다시는 이런 일 없겠다고 두 시간 정도 말하니 그래도 이해는 해주시더라."

그 말을 듣는 순간 실장님에게 너무 미안한 마음이 들었다. 나

때문에 엄한사람 고생시켰다고 생각하니 불편하고 미안한마음이 가시지 않았다.

"실장님, 죄송합니다."

"개안타. 다음부터는 조심하면 되지. 그리고 판매직원한테도 다시 얘기해줘라."

"네, 죄송합니다."

매장으로 복귀한 나는 행사 매대를 뚫어져라 쳐다봤다. 아무 일 없었다는 듯이 서 있는 직원을 보니 화가 났다. 난 다시 다가가서 말했다.

"이모님, 다음부터 이런 일 있으면 직접 말하세요. 같이 동행은 해드릴 테니 큰일 날 뻔 했잖아요."

판매직원은 듣는 둥 마는 둥의 표정으로 고개를 끄덕였다.

나도 그땐 왜 그렇게 경솔하게 행동을 했는지 너무 후회가 되었던 일이었다. 그 뒤론 다시는 그런 실수를 저지르지 않았고 판매직원들의 애먼 소리가 들려와도 정확한 판단을 위해 섣불리 행동하지 않았다.

실제로 판매직원들의 제보에 많은 로스범을 잡는다. 하지만 의심 가는 사람의 제보가 있고 직접 봤다고 한들 판매직원들은 나서

기를 꺼려한다. 혹시나 잘못될 우려가 있기 때문이다. 그렇다고 보안요원이 경찰은 아니다. 제보만으로 상대방을 마음대로 의심하고 잡을 수는 없기에 우린 확실할 때만 행동한다. 그런 모습에 일부 직원들은 오해를 하기도 한다. 보안요원들이 일을 제대로 하지 않는다고 말이다.

하지만 우리도 룰이 있고 원칙이 있는 건데 이런 설명을 일일이 직원들에게 설명하긴 힘들다. 백화점을 이용하는 고객, 판매직원들의 안전과 재물의 관한 보호는 보안요원들의 몫이다. 로스범에 관한 일 만큼은 보안요원과 판매직원들의 입장 차이를 이해하고 도와줄 수 있는 부분은 공조하여 서로에게 도움이 되었으면 한다.

체계

처음 보안직원으로 입사할 때 제일 어려웠던 점이 보안의 체계였다. 난 어렸고 대찬 성격이 못되어서 이런 체계가 많이 힘들었다. 나보다 나이 많은 사람에게 선배님 소리를 듣는 게 불편하기도 하고 그만큼 일을 잘해야 된다는 것도 부담으로 다가왔다.

내가 힘들었을 때 선배들에게 항상 듣던 말이 있었다.

"문정아, 니가 나이가 어려도 입사를 먼저 했고 뒤에 들어온 사람들을 가르쳐야 한다. 선배대접 안 해주면 입바른 소리를 해라. 그렇게 하지 않으면 니 밥그릇 뺏기는 거다. 니 밥그릇은 니가 꼭 챙겨먹는 거다. 명심해라."

늘 듣던 말이었고 항상 머릿속에 있던 말이다. 이 직업이 뭐라고 이렇게 까지 해야 하나 싶겠지만 이건 어느 회사를 가도 일맥상통

한다.

백화점에 일할 때 나이 많은 신입이 들어온 적이 있었다. 키도 크고 서울말씨에 성격은 천사였다. 뭐든지 남을 위해 희생하는 사람이었고 여직원들을 위해 늘 간식을 챙겨주던 사람이었다. 처음엔 오버 아닌가 진심이 아닌 가식인가 하며 온갖 생각을 하면서도 변하지 않고 한결같은 모습에 진심이라고 느껴졌다.

그러던 어느 날 나와 같은 층에 근무를 서게 됐다. 세 명이 돌아가면서 쉬는 시간이었는데 그 사람은 쉬지도 않고 매장에 돌아다니며 일을 했고 다른 남직원은 보이지 않는 것이다.

내가 다가가서 물어봤다.

"민석씨, 다른 사람은 어디 갔어요?"

"아… 어제 술을 많이 마셨는지 몸이 좋지 않다고 하길래… 제 쉬는 시간에 그냥 한 번 더 쉬라고 했습니다."

환하게 웃으면서 말하던 그에게 난 쏘아 붙였다.

"쉬는 시간을 누구 마음대로 그 사람한테 줍니까?"

그러자 민석씨의 표정이 어두워졌다.

"제가 잘못한 일인가요?"

난 다시 얘기했다.

"당연하죠. 쉬는 시간은 누가 정하는 거죠?"

"선배님입니다."

"그런데 왜 민석씨 마음대로 하는 건데요?"

"그분이 몸이 좋지 않다길래 제가 그냥 더 쉬라고 한 건데 죄송합니다."

난 화가 나 소릴 질렀다.

"무슨 자원봉사 하십니까? 오늘 일할 걸 알면서도 술 쳐 먹고 아침에 갤갤하며 출근한 사람이 잘못한 거지 몸이 안 좋으면 나한테 먼저 안 좋다고 해야 되는 게 정상 아닙니까?"

눈치를 보던 그에게 난 말했다.

"민석씨는 지금 들어가서 쉬세요."

"네… 죄송합니다."

쉬다가 나온 근무자를 따로 불러내서 말했다.

"어제 술 마셨어요?"

"네? 조금…"

"몸이 일하기 힘들 정도로 안 좋아요?"

"아닙니다. 이제 괜찮습니다."

난 또 화를 냈다.

"그래 몸이 괜찮은데 본인이 쉬는 시간을 더 써서 다른 사람까지 못 쉬게 하는 건 민폐 아닙니까?"

"예? 죄송합니다. 그분이 그냥 쉬라고 해서…"

"그럼 그분이 집에 가라고 하면 집에 가겠네요. 저기요, 제가 쉬

는 시간을 정해주면 그 시간에 맞게 쉬시고 몸이 안 좋으면 나한
테 먼저 말을 하세요. 그리고 이딴 식으로 마음대로 행동 할 바엔
저랑 일하지 마세요!!"

"죄송합니다."

난 답답했다. 누군들 남에게 싫은 소릴 하고 싶겠는가. 다 같이
잘 지내고 웃으면서 일하고 싶어 한다. 하지만 그렇게 일을 한다
면 보안의 체계가 무너져 버린다. 각 조의 조장들과 반장 실장이
왜있겠는가? 무슨 일이 생기면 우선 각조의 조장에게 알린다. 조
장은 반장에게, 반장은 실장에게 알린다. 이게 올바른 보고체계인
데 가끔씩 사원이 실장에게 바로 말을 한다든지 반장에게 알려 일
이 커지곤 한다.

무슨 일이든지 그에 맞는 순서가 있는 법이다. 그렇게 하기 싫다
면 일을 할 가치가 없는 사람이다. 내가 편하고 싶어 말하기 불편
한 상대라서 무시하고 자기 마음대로 일을 처리한다면 꼭 탈이 난
다. 어느 회사를 가나 그에 맞는 체계가 있다. 그걸 무시하지 말았
으면 한다. 그런 게 싫다면 혼자 다해먹는 장사를 추천한다.

도벽

"최문정 근무자, 빨리 지하1층 직원 동선으로 이동하세요!!"

다급한 무전을 받고 직원 동선으로 이동했다. 그곳엔 한 여자와 매니저가 실랑이를 하고 있었다.

"이거 놔요!!"

"놓긴 뭘 놔!! 어딜 가려고?!!"

"무슨 일이십니까?"

매니저가 다급하게 말했다.

"보안요원, 빨리 이 여자 데리고 보안실로 데리고 가요!!"

영문도 모른 채 난 그 여자를 데리고 사무실로 이동했다.

곧이어 매니저가 따라와 상황설명을 했다.

"아니, 이 여자가 우리 매장에 들어왔어. 그래서 난 아주 친절하게 설명해줬지. 그러더니 눈치를 계속 보는 거야. 내가 매장에 전화가 와서 잠시 한눈팔았는데 그 틈에 옷을 가방에 막 집어놓고 나가려는걸 본거지 내가 뭐하는 거냐고 어딜 가냐고 잡았어. 그랬더니 막 밀치는 거야. 힘이 어찌나 좋은지, 그래서 나도 꽉 잡고 있었거든. 멀쩡하게 생겨가지고 뭐하는 짓인지 참…"

옷을 훔치려다 걸린 것 같았다. 여자는 아무 말도 하지 않은 채 가만히 앉아 있었다.

반장님이 다가가 물었다.

"이름이 뭐예요?"

"………"

"어디 사세요?"

"………"

아무 대답이 없는 여자를 보고 매니저가 소리쳤다.

"이 옷이 얼만 줄 알아? 아까는 말 잘하더니 왜 말을 못해!!"

여자가 입을 뗐다.

"저기… 제가 실은 우울증을 심하게 앓아서 약을 먹고 있어요. 그러니 이번 한번만 봐주세요."

매니저가 말했다.

"우울증? 참나 여기 훔치는 사람들 잡히면 다 우울증이라거나 생리하고 있다고 그래. 어디서 그런 거짓말만 늘어가지고는 반장님 빨리 경찰서에 신고하세요!! 정신 차리게 만들어야 된다!!"

반장님은 담당경찰서에 신고했다. 그러자 여자는 갑자기 울기 시작했다.

"저기 정말 한번만 봐주세요. 이거 우리 남편 알면 난리 나요. 진짜… 네? 제발요. 계산할 게요. 제발요."

담당형사가 오고 조사하는 과정에서 밝혀진 충격적인 사실이 있었다. 여자 남편은 유능한 변호사였고 고급아파트에 거주하며 살고 있는 것이다. 도대체 뭐가 아쉬워서 이러는 것일까? 알고 보니 여자는 생리 도벽증상이 있었다. 집에서 받는 스트레스 모든 걸 도벽으로 다 푸는 습관이 있었던 것이다. 남들이 보기에 모든 걸 갖추어진 가정이라고만 생각되지만 그들의 사연은 각기 다르다. 도벽을 고쳐 다른 취미생활을 가져보는 게 어떨지 지금은 고쳐졌길 바래본다.

에스컬레이터

쇼핑몰이나 백화점을 이용하면 에스컬레이터 한번쯤은 다 이용해 봤을 것이다. 에스컬레이터는 간편하고 기다림 없이 시간단축이 되기도 한다. 일하면서 에스컬레이터 안전사고가 빈번하게 발생되는걸 봐왔다.

그 중에서도 제일 위험한 건 카트기를 이용해 에스컬레이터를 타는 사람들이다. 마트에는 무빙워크가 있다. 에스컬레이터완 달리 계단식의 구조가 아닌 평평한 구조이다. 무빙워크는 카트기를 싣고 다녀도 무방하다. 하지만 에스컬레이터에 카트기를 싣게 되면 엄청난 사고로 이어진다. 카트기의 무게가 상당히 나가기 때문이다. 카트기를 싣고 올라가다 도착지점에서 카트기가 뒤집어지는 경우가 허다하다.

어느 날이었다. 에스컬레이터 주변에 있었는데 여자고객이 카트기를 하행하면서 싣고 주차장으로 이동하였다. 난 급하게 쫓아갔고 도착지점에서 카트기 앞머리 부분을 들어주기도 전에 카트기가 뒤집어지면서 안에 식품과 물품들이 다 쏟아졌다.

"고객님, 괜찮으세요?"

걱정되어 묻는 내게 고객은 언짢은 표정으로 서있었다.

"다친데 없으세요?"

"괜찮아요."

다행히 고객은 다치지 않았다.

"아 씨, 짜증나."

그 순간 고객이 장본 물품을 대리석 바닥에 집어던지는 것이 아닌가. 계란은 다 깨지고 바닥은 엉망이 되었다. 말릴 사이도 없이 물품들을 집어던지고 일부만 챙겨 가버렸다. 황당하기 짝이 없었다. 미화 이모님과 같이 바닥을 치우며 세상엔 참으로 다양한 사람이 많다는 걸 느낄 수 있었다.

노출증

무더운 여름날이었다. 평소와 다름없이 매장순찰을 돌고 있었다. 에스컬레이터에서 어떤 여자를 보았다. 3~40대 중반의 여성으로 통통한 체형이었다. 현란한 긴 파마머리에 진한 화장을 하고 선글라스를 착용한 모습까지는 지극히 정상적이었으나 상의를 보고 깜짝 놀랄 수밖에 없었다. 아무런 속옷도 착용하지 않은 채 검정색 시스루 의상을 입었고 앞쪽은 블링블링한 액세서리가 달려 있어 다행히 안은 보이지 않았지만 뒤쪽은 등판이 훤히 보여 충격을 주었다. 미니스커트에 망사스타킹을 입고 머리에 핀을 달고 당당한 워킹으로 매장을 활보하고 있었다.

나는 생각했다. 일반고객이 의상을 특이하게 입을 수도 있을 것이다. 자기 개성이다 하던 찰나에 사람들의 시선이 모두 그녀에게 향했다. 그녀는 자기와 눈이 마주친 어떤 사람을 향해 소리 질렀다.

"뭘 쳐다보는데??"

순간 우린 예사롭지 않다고 느꼈고 멀리서 좀 더 지켜보기로 하였다. 여성의류매장으로 들어가던 그녀는 옷을 구매했고 계산을 치르고 당당하게 다른 매장으로 향했다. 매장 직원의 말로는 현금을 많이 소지하고 있었다며 계속 구매할 의향이 있어 보인다고 했다. 실제로 그녀는 여러 군데 매장을 돌며 쇼핑을 했고 다른 고객들의 민원으로 인해 잠시 말을 붙여보기로 하였다.

"실례지만 필요하신 건 없으신지요?"

"네? 왜요? 내가 내돈주고 물건을 산다는데 뭐가 문제 있어요?"

"아닙니다. 혹시나 불편한 사항이 생기시면 말씀해주세요."

전 층에서 그녀가 돌아다닌다며 전화가 왔다. 그러던 찰나에 싸우는 소리가 매장에서 들렸다.

"뭘 그렇게 쳐다보는데? 어? 진짜 다 죽여 버린다."

그렇다. 그녀의 문제점은 쳐다보면 안 되는 것이었다. 상기된 표정으로 계속 퍼붓던 그녀에게 다가가 쇼핑을 다하셨으면 정문까지 안내해 주겠다고 설득시켰다.

"나 혼자 갈수 있어!!"

라며 엘리베이터를 타고 백화점 밖으로 나갔다.

그 이후로 그녀는 수시로 매장에 현란한 의상으로 물건을 구매하였고 그때마다 우린 멀리서 지켜볼 수밖에 없었다. 다행히 조용히 쇼핑을 하면 사라졌고 친해진 판매 직원에게 자기 얘길 했다고 한다.

부유한 환경에서 자랐고 집에서 걱정하나 없이 살았다며 결혼한 후 문제가 생겼고 이혼하게 되어 혼자 지내다 우울증에 정신과 치료를 받고 있다고 했다. 그녀에게 무슨 일이 생겼는지는 자세히 모른다. 하지만 그 과정을 통해 그녀의 옷차림과 연관되었으리라 생각되었다.

정신이상자

　

식당가에서 밥을 먹고 계산을 하지 않는 여자가 있다며 빨리 와
달라고 연락이 왔다. 이동해보니 한 여자가 정신이 오락가락 하는
말만 늘어놓으며 알 수 없는 말을 해댔다. 계산을 하셔야 된다고
직원이 얘기하였지만 아무런 말없이 앉아있었다.

보안요원이 말을 걸었다.

"고객님 다 드셨나요?"

그 여자는 갑자기 욕을 퍼붓기 시작했고 당황하였지만 근무자들
이 계속 설득하자 에스컬레이터로 내려가면서도 알 수 없는 말과
욕을 하였고 머리를 흔드는 행동까지 보였다.

'뭐지? 귀신 들린 건가?'

빨리 데리고 나가고픈 생각밖에 없었다. 내려가던 중에 갑자기
어떤 매장으로 향하였다. 자기 의지와는 상관없는 표정으로 우뚝

서서 머리를 마구 흔들어 댔다. 어마어마한 사람이다. 무섭다. 혼자 한참을 흔들어 대더니 멈췄고 근무자가 다가가 말하였다.

"고객님, 괜찮으십니까? 어디 불편하십니까?"

갑자기 그 여자는 직원을 쏘아보며 말했다.

"가라가. 오지마라!!"

직원은 섬뜩한 마음이 들었고 이내 다시 말을 걸었다.

"몸이 불편하시면 말씀하세요."

여자는 인상을 쓰며 다시 말했다.

"오지 마!! 개놈들아!!"

갑자기 일그러진 표정을 짓고 머리를 힘차게 흔들어댔다.

점점 사람들이 쳐다보기 시작했고 잠깐 이상행동이 멈췄을 때 재빨리 엘리베이터에 태웠다. 정문 바깥으로 내보낸 뒤 지켜보니 여자는 멀리 가지 못한 채 조금 떨어진 곳에서 머리를 계속 흔들어 댄 후 집으로 귀가하였다.

두 번째는 구두매장에서 연락이 왔다. 어떤 여자가 계산도 안한 구두를 자꾸 달라고 한다는 것이었다. 담당 층이었던 나는 이동하였고 여자를 만났다.

나를 훑어보던 여자가 말했다.

"제가 이상한 사람이 아니고요. 백화점 사장이랑 잘 아는 사람인데 사장님이 구두 마음에 드는 거 하나만 가지라고 해서 제가 달라고 한 거예요."

그래서 내가 물었다.

"사장님이 누군데요?"

"○○○요!!"

황당했다. 아무 이름을 막 갖다 붙이는구나.

"저희는 사장님한테 연락받은 것도 없고요. 제가 안내해 드릴 테니 나가시죠."

"저 진짜 친해요. 나보고 구두가지라고 했다니까요."

"네, 네. 알겠습니다. 우선 나가시죠."

에스컬레이터를 타고 내려가는 동안 여자는 말했다.

"이런데서 얼마 받고 경비해요? 일한지 오래됐어요? 난 처음 보는데…"

나도 처음 봤다. 그 여자는 계속 백화점 사장님을 찾아댔고 그런 분은 없다고 다시 알아보고 오라고 하며 잘 가라고 했다. 그러더니 갑자기 나에게 90도 인사를 하면서 사라졌다.

직무유기

보안요원을 하다보면 다양한 유형의 직원들을 많이 만난다. 일 자체가 그렇게 어려운 일도 아니거니와 신체건강하고 범죄경력 없는 서비스마인드를 잘 갖춘 사람이면 누구나 할 수 있는 일이라서 그런지 쉽게 생각해서 일을 그르치는 상황을 많이 보았다. 예를 들어 고객이 카트기를 아무데나 두고 가거나 쓰레기가 버려져 있는 걸 보고 우리일이 아니라 하여 방치하는 직원들이 있었다.

카트기는 카트요원이 가져다주는 일이고 쓰레기 치우는 일은 미화팀이 있다. 하지만 상황에 따라 보고도 못 본 척 우리 일이 아니라고 생각하는 일부 직원들이 있다. 보이면 그냥 치울 수도 있고 버려줄 수도 있는데 이런 사람들 특징은 이러하다.

'우리 일 아니잖아.'

'내가 쓰레기 치우고 카트기 치우려고 보안으로 들어왔나?'

맞는 말이지만 틀렸다. 그렇다고 보안요원이 뭐라고 정장만 입고 무전기 들고 멋있게 매장만 돌아다니는 것은 아니다. 황당한 것은 이런 이유 때문에 그만두는 이들이 실제로 많다는 것이다. 서비스적인 마인드로 보면 다 우리가 해야 할 일이다. 보안요원이 쓰레기를 줍고 카트기를 치우고 할 수 있다. 일부 고급아파트는 보안요원이 택배를 나른다. 이 모든 게 서비스에 해당하는 일인 것이다. 담당하는 부서의 직원들이 있으면 굳이 하지 않아도 되지만 없으면 우리가 해야 한다.

내가 처음 일할 때도 이해가 안 되는 부분 중 하나가 보안의 매뉴얼이었다. 매뉴얼대로 똑같이 실행하되 상황에 따라 늘 달라져서 이해가 안됐었다. 분명 이렇게 하면 안 되는 것이 어떨 땐 허용이 되고 허용되던 것이 안 되는 경우가 허다하다. 난 헷갈렸다. 원칙대로 진행하면 이게 맞고 어떨 땐 아니고 이걸 전문용어로 '유도리'라 일컬었다. 항상 '유도리 있게 일을 해라'라는 소리를 들었는데 나에겐 쉽고도 어려운 말이었다. 적응기간이 지나자 보안은 매뉴얼이 있지만 항상 달라질 수 있으니 그에 따른 상황대처가 제일 중요하다는 걸 알았다.

한 번씩 신입직원들이 나에게 묻는다.

"선배님, 이런 것도 저희가 해야 합니까?"

"그래, 해야지."

"저희는 보안이 아니라 잡부 같습니다."

그렇다. 우린 모든 일을 다 할 줄 알고 처리할 수 있는 능력이 있다. 판매와 기계적인 부분, 사무적인 부분만 빼면 말이다. 매뉴얼 대로 정확한 일을 하고 싶어 하는 이들에겐 보안요원이 맞지 않을 것이다.

사무직의 서류작성, 회계업무와 같은 정확한 걸 요구하는 직업으로 추천하고 싶다. 매장에 정장입고 멋있게 서 있는 것만 보고 환상에 젖어 오는 이들에게 말해주고 싶다. 보이는 게 다가 아니라고··· 실질적으로 고객의 안전을 담당하고 매장재산의 보호뿐만 아니라 쇼핑 시 고객들을 즐겁고 편안하게 쇼핑 할 수 있는 든든한 지원군의 모습으로 비춰져야 할 것이다.

내가 하기 싫다고 하지 않는다면 이것은 직무유기가 되고 직무유기가 계속 되면 언젠가는 나에게 더 큰 일이 생기게 된다. 어떤 직원들은 출근해서 하루 종일 게임을 하고 누구는 하루 종일 자고 일하기 싫어 요령을 피운다. 하루 이틀이 지나고 똑같은 패턴으로 일을 하다보면 시간이 훌쩍 지나가 있는 것을 느낀다. 그럼 그때서야 다른 직업을 알아보겠다고 바빠진다. 자기가 하고 있는 일은 하찮게 생각되고 좀 더 나은 곳으로 가길 바라면서 말이다.

하지만 이런 식으로 일을 하다 다른 곳에 취직이 된다한들 오래 하지 못하고 몇 년 뒤 또 다시 보안으로 일을 한다. 이 과정이 무한반복이 되고 나이가 들어 아무것도 준비 못한 채 후회하게 된다. 반대로 이곳에 언제까지 일할 수 있을지 몰라도 늘 열심히 하는 직원들이 있다. 그런 직원들은 차후에 다른 일을 하게 되어도 성실함을 인정받는다. 또 다양한 사람들을 응대해 봤기에 상황판단능력도 빨라진다.

보안이라는 직업을 하찮게 여기지 말았으면 한다. 결국은 내가 일하는 직장이고 내 얼굴이다. 지금 하고 있는 일에 불만을 갖기보다는 내가 좀 더 나은 사람으로 변해가는 과정이라 여기고 나 자신의 역량을 키워 당당하고 자신감 있는 사람이 되길 바란다.

뽑는 기준

보안요원을 하면서 제일 많이 보고 느꼈던 것은 잦은 퇴사율이다. 직원들은 입사하고 몇 개월 혹은 한 달도 채 못 채우고 나가버린다. 오래 일하는 사람이라 하더라도 1~2년, 그 위로는 더 보기가 힘들다. 예전에 백화점에서 일할 때 실장님이 나에게 물어본 적 있었다.

"왜 이렇게 사람들이 자주 그만두지? 넌 이유가 뭐라고 생각하니?"

나는 할 말이 많았다. 오래 일하지 못하는 이유는 보안요원이 전문직종이 아닌 아르바이트 개념으로 생각하는 사람들이 많았고 보안 사업장 마다 다른 처우였다. 대부분의 관리자들은 보안요원으로 입사를 하고 나이가 들어 자연스럽게 직책을 맡게 된다. 이 과정을 이루려면 시간이 많이 흘러야 하지만 일반사원들은 그렇게 인내심이 강하지 못하다. 일하다가 힘들면 그만둬 버리고 다른 직장을 찾아가고 직원의 대부분이 20대 초반에서 많으면 30대 중반까지 다양하지만 그중에서도 제일 많은 나이대가 20대이기에 이들은 보안요원을 자신의 직업이라 여기지 않는다. 원하는 직업을 위해 잠시 거쳐 가는 곳이라고만 생각한다. 그렇기에 쉽게 생각하는 경향도 크고 쉬운 일이라 여겨버린다.

난 늘 생각했다. '빨리 그만 둘 거면 왜 들어온 거지?' 그 질문에 대한 답은 생각보다 빨랐다. 다른 서비스직과 비교했을 때 보안요원이 급여가 센 편이기 때문이다. 육체적으로 정신적으로 힘이 많이 들지만 그런 걸 처음부터 알리가 없다. 일반사람들이 생각하는 보안요원의 갖추어진 이미지 때문에 젊은 사람들이 호기심에 많이 지원을 하는 것이다.

막상 일을 해보면 생각과는 다른 업무로 나가버리고 이렇게 되면 남겨진 직원들만 힘이 든다. 인원수가 맞지 않아 다른 사람의 몫까지 하게 되어 대체근무를 세울 사람조차 없으면 힘이 빠진다. 그렇기에 또 다른 새로운 직원을 뽑는다.

알다시피 보안은 대부분 용역업체로 이루어져 있기 때문에 계약 유지를 위해 갑의 입장도 무시하지 못하고 관리자들은 인원수를 채워야 하는 조급함도 있다. 이런저런 이유로 급하게 직원을 구하게 되는 것이다. 그러다 보면 정말 다양한 사람들이 보안요원을 거쳐 가고 신입교육만 몇 주 동안 계속해야 되는 상황이 발생한다. 그런 사람들이 일을 하고 또 그만두고 무한반복으로 연결된다.

이 모든 것이 잦은 퇴사율의 원인이 아닐까 나는 생각했다. 보안요원이 하고 싶어서 입사지원을 하려 할 때는 조금만 더 신중히 생각해 줬으면 좋겠다. 정말 이 길이 나와 맞는 일인지 할 수없이 선택했다 하더라도 하루 종일 아무 생각 없이 서있으면서 시간을 허투루 보내지 않았으면 한다.

직업의 특성상 일하면서 여유시간이 많이 남고 그 시간에 많은 사람들을 상대하며 사람들의 특성을 파악해 보길 권유하고 싶다. 스쳐지나가는 사람들이 대부분이지만 하나하나 응대하다보면 그 사람의 성향을 알게 되고 불편한 점을 하나씩 해결해 주고 나면 나 또한 그 사람들에게 좋은 에너지를 받는다. 좋은 에너지로 마음속을 채우고 부정적인 마인드 대신 긍정적인 마인드를 갖출 수 있게 노력을 하길 바란다.

어느 직장이든 인성교육을 가르쳐주는 곳은 많이 없다. 이런 기회가 아니면 사실상 많은 사람과 대화하는 것도 어렵다. 사람을 상대하다 보면 자연스럽게 인성교육이 된다. 일하면서 배우는 살아 있는 현장학습이라 생각하면 교육이 필요 없는 비싼 값어치가 되는 것이다. 또한 인성이 갖추어진 자에게 늘 새로운 기회가 오는 법이다. 그 기회를 놓치지 말기를 바라며 상대방의 좋은 점은 내 것으로 만들고 안 좋은 점은 버리는 지혜로운 사람이 되길 바란다.

타이밍

———

일을 하다 보면 여러 가지 변수가 많이 생긴다. 보안직업의 특성상 쉬는 시간이 주어진다 해도 대기시간이나 다름없다.

백화점 근무를 할 때 일이였다. 세 명이 같은 층의 근무를 하고 있었고 식사 교대 시간이 되면 두 명이나 한 명이 일을 하게 되면서 안전사고의 위험성이 있는 에스컬레이터 주변의 순찰을 돌곤 했었다. 그러다 잠시 다른 곳의 순찰을 돌면 항상 일이 생기는 일이 발생했다. 일하다가도 급하게 화장실을 가는 일에는 무전으로 보고를 해야 하며 다른 층의 근무자가 지원을 오게 되지만 혼자 여러 개 층을 맡다보면 틈이 생길 수밖에 없다. 이런 문제점을 보완하려면 더 많은 직원을 고용해야 하는데 회사입장에서도 실질적으로 어려움이 따른다.

이런저런 이유로 타이밍이 맞지 않아 안전사고나 다른 일이 생기게 될 때 보안직원이 그 시간에 어디 있었는지 제대로 근무를 하고 있었는지에 대한 질타가 쏟아진다. 부재의 원인이 타당한 이유가 있으면 인정되나 그 시간에 말도 없이 근무지를 이탈했다면 문제가 커진다. 근무자에게 책임추궁으로 돌아가게 되고 잘못될 경우 관리자들에게 영향을 끼친다.

이처럼 보안직원의 부재는 여러모로 큰 문제점이 될 수 있다. 이런 상황까지 만들어지자 보안직원들끼리 하는 말로 CCTV가 나오는 동선으로만 움직이자 라는 말이 나오기도 하였다. 사각지대는 근무자의 위치를 파악할 수 없고 일을 하지 않는다는 오명을 쓸 수도 있기 때문이다.

타이밍이 중요한 근무시간에 근무자가 부재일 경우 여러 가지 힘든 일이 생기고 관리자들이 나와 근무를 하게 되는 상황도 연출된다. 언제 어디서든 사고는 시도 때도 없이 발생하고 예고편이 없는 생방송으로만 연출되기 때문에 항상 긴장을 늦춰선 안 될 것이다.

아무리 오래일한 직원들도 예상할 수없는 사건사고의 발생의 시점을 알아맞힐 수는 없다. 다만 자기의 포스트 위치에서 근무를 제대로만 한다면 사건사고들을 예방할 수 있다. 그것이 보안직원들의 주된 업무이자 보안의 역할로는 충분하다. 자기의 자리에서 벗어나지 말자. 그 자리를 벗어날 때 조금의 불안감과 안일함이 사고를 유발한다.

사내연애

___

같은 공간에서 매일 같이 일을 하고 같이 밥을 먹다 보면 사람들
과 친해진다. 친해진 사람들과 마치고 술 한 잔하며 이런저런 얘
길 하다 보면 나와 잘 맞는 사람이 생기고 젊은 혈기왕성한 나이
에 남녀사이가 연인관계가 된다는 건 특별히 이상한 일도 아닐 것
이다. 하지만 사내연애가 되는 순간 달라진다. 관리자들은 이들의
관계를 좋아하지 않을 뿐더러 늘 신경 쓰이는 일이 되어버린다.

내가 아는 여직원은 입사한지 1년도 채 지나지 않아 사내커플로
소문이 자자했다. 소문은 알파만파로 퍼져 전 직원이 알게 되었고
그녀에게 좋지 않은 시선이 생겨버렸다. 그녀는 알지 못했다. 입
사한지 얼마 안 된 그녀와 그녀의 남자친구는 나와 입사일이 비슷
했고 둘 사이가 애인 사이가 되어 버리자 그녀에게 다들 함부로 대

하지 못했다. 신입이기에 일을 가르쳐 줄 땐 확실하고 냉정하게 일을 가르쳐야 하지만 다른 직원들은 연차가 높은 남친 때문에 눈치 보기에 바빴다.

어느 순간 그녀가 일하는 행동과 말은 소문이 점점 퍼졌고 불만 섞인 목소리가 들려왔다. 개념 없는 행동이 하나씩 드러나기 시작했던 것이다. 다른 직원들은 알고도 모르는 척 하며 실수를 해도 넘겨 버리는 일이 대다수였고 관리자만 지적을 하였다.

시간이 흐르고 남직원이 먼저 그만두었고 둘은 헤어졌다. 그 순간 다들 기다린 사람처럼 모든 행동에 입바른 소리를 해대기 시작했다. 그녀는 이 상황을 감당할 수 없었다. 갑자기 직원들이 자기에게 막 대한다고만 느꼈을 뿐이다.

그러던 어느 날 일이 터지고야 말았다. 그녀와 남직원 두 명이 지하근무를 하고 있었고 돌아가면서 쉬는 타임을 가질 때였다. 남직원들의 말에 의하면 그녀가 매장에 보이지 않는다는 것이다. 그래서 쉬는 공간으로 와봤더니 폰 게임만 계속 하고 있어 남직원이 따졌다고 한다. 그녀는 사무실에 있던 날 찾아와 펑펑 울며 하소연했고 난 아무 말 없이 얘길 들어 주었다. 차후에 화해시키려 해봤지만 이루어지지 않았다.

결국 헤어짐의 여파와 직원들과의 불화로 인해 견디지 못한 그녀는 4년 만에 퇴사를 하였다. 퇴사를 하고 다른 곳을 다녀보아도 예전처럼 오래 일하진 못했다. 이처럼 사내커플이 되는 것은 서로 엄청난 노력을 해야 한다. 사내에서는 절대 티를 내지 않거나 일과는 무관하다는 식의 능력치를 보여주고 인정받아야 유지가 가능하다.

그게 아니라면 사내커플은 하지 않는 게 좋다. 간혹 가다 비밀이라며 제일 친한 직원들에게만 얘기하는 사람들이 있는데 여기서 비밀은 없다. 말하는 순간 알게 되는 건 시간문제이다.

다들 모르던 데가 아니라 다들 모르는 척을 할 뿐이다. 남의 연애사에 관여하고 싶진 않지만 사내커플의 위험성은 알려주고 싶다. 모두가 아는 사실이지만 모두가 방심하고 있는 사실이기도 하니까 말이다.

02
끌리는 여자

끌리는 여자

면접을 보러 해운대에 가서 생긴 일이다. 초행길에 지리도 밝지가 않아 헤매면서 건물을 찾고 있었는데 차 한대가 내 옆에 멈춰섰다. 창문이 열리며 중년여성이 말을 붙였다.

"아가씨, 여기 마린시티가 어디예요?"

난 주변을 둘러보았다. 사람들이 제법 많이 있었는데 꼭 내가 선택되었단 느낌이 들었다.

"마린시티요? 죄송한데 저도 여기 길을 저도 잘 몰라서요."

중년여성은 잠시 생각하더니 차를 몰고 사라졌다.

그리고 나서 입사한 후 오전 일찍 출근을 하고 있는데 사람이 거의 지나다니질 않았다. 이어폰을 꽂고 음악을 크게 틀었다. 맞은편 길에서 관광객으로 보이는 두 사람이 나에게 손짓을 하고 있었다.

'뭐지? 아는 사람인가?'

이어폰을 빼고 다시 쳐다보았다. 그러자 관광객이 외쳤다.

"아가씨, 조선호텔이 어디 있나요?!!"

난 주변을 둘러보았다. 나의 앞뒤로 사람이 두 명이 더 있었다.

'또 선택된 건가?'

난 열심히 설명을 해주었다.

그러자 관광객은 웃으며 고맙다며 사라졌다.

'내가 잘 알게 생겼거나 잘 가르쳐 주게 생긴 건가?'

신기하였다.

시간은 지나 출근길 지하철 안이었다. 역시나 이어폰을 꼽고 노래를 들으며 가고 있는데 내 옆자리도 아닌 옆옆 자리의 아주머니가 나를 툭툭 쳤다.

"네?!!"

"아가씨, 내가 ○○병원엘 가야 해. 어디서 내려야 되는지 찾아서 말 좀 해줘봐."

아주 당연하단 듯이 물어보는 아주머니에게 잠깐 쳐다보다 알겠다고 하며 핸드폰으로 검색을 하였다.

"네, 장산역에 내리셔서 2번 출구로 나가시면 되세요."

그제야 아주머니는 나를 보며 말했다.

"해운대역이 아니고 장산역이네?"

"네, 장산역 2번 출구로 가세요."

"응, 알겠어."

이건 뭔지… 고맙다는 말도 없고 내가 안내직원이라고 등짝에 써 붙여 놓은 것도 아닌데 황당했다. 하지만 직업의식 때문인지 난 해결해주는 습관 아닌 습관으로 궁금함을 가진 사람들에게 해결 사로 궁금증을 풀어주었다. 그 뒤로도 한 번씩 신호대기 중이거나 하면 사람들은 나에게 다가와 길을 묻는다. 인간 내비게이션이 따로 없다.

해는 지고 퇴근길에 생긴 일이다. 지친 몸을 이끌고 지하철을 탔는데 두정거장이 지나 술에 잔뜩 취한 아저씨가 타게 되었다. 비틀비틀 거리는 모습이 무엇인가 불안하게 만들었다. 아니나 다를까. 열차가 출발하자 몸의 중심을 잡지 못하던 아저씨는 많고 많은 사람들 중에 나의 앞으로 와 비틀거리며 무릎에 앉으려고 했고 순간적으로 느낌이 좋지 않았던 난 앉기 전에 두 손으로 아저씨를 밀어냈다. 갑자기 탄력 받은 아저씨는 한 바퀴 돌더니 다른 빈자리로 착석하였다.

버라이어티한 상황에 사람들이 황당한 표정으로 바라보았고, 난 역시나 또 나인가. 이제는 주취자들까지 간택을… 정말 황당한 일이지만 내가 좀 끌리는 매력이 있다고 생각하며 오늘도 열심히 안내를 한다. 밖에서나 회사에서나 난 끌리는 여자이다.

출근길

―――

　이른 새벽에 눈을 떴다. 일찍 출근하는 날이라서 빨리 출근 준비를 하고 지하철을 탔다. 새벽시간이지만 사람들이 많았다. 긴 좌석 끝자리에 앉은 나는 잠이 쏟아졌다. 얼마나 지났을까? 꾸벅꾸벅 졸고 있는데 느낌이 이상해서 눈을 떴다. 내 옆엔 어떤 아저씨가 앉아있었고 옆에 빈자리도 많았는데 굳이 내 옆자리에 붙어있었다. 맞은편도 비어있고 옆옆 자리도 텅 비었는데…

　잠도 오고 피곤하고 귀찮기도 해 자리를 옮겨야 되나 말아야 되나 생각하고 있을 때였다. 같이 일하는 보안 남직원이 지하철을 탔고 날 쳐다봤다. 그리곤 옆에 아저씨를 쳐다보더니 가까이 다가와 말했다.

　"아저씨 죄송한데 옆으로 좀 옮겨 주시겠어요?"

　아저씨는 남직원을 한번 쳐다보더니 다른 곳으로 자릴 옮겼다.

내 옆자리에 앉은 직원은 나에게 말했다.

"누나 저 사람 아는 사람이야?"

"아니, 오늘 처음 봤다."

"아니… 나는 탔는데 둘이 완전 붙어 있길래 애인인줄 알았어."

나는 빵 터졌고 얘기했다.

"오늘부터 1일 인데 너 때문에 방금 깨졌다."

남직원과 나는 둘 다 미친 듯이 웃어댔다.

"나에게 다가오는 남자들은 다 매니아충이야. 정상이 하나도 없어."

남직원은 나에게 정신 차리라며 말했고 오랜만에 크게 웃으면서 출근할 수 있었다.

콜택시1

내가 일하는 곳은 외국인을 자주 볼 수 있다. 외국인들은 한 번씩 나에게 콜택시를 불러 달라고 요청한다. 그날도 어김없이 콜택시를 불렀다. 상담원이 목적지를 물었고 나는 ○○병원으로 간다고 얘기하였다.

곧이어 택시가 도착하여 외국인에게 안내를 하였다. 외국인들은 고맙다며 연신 "Thank you"를 외쳤다. 난 다른 업무를 하느라 바빴고 정신이 없을 때였다. 한참동안 택시가 가지 않고 기다리고 있는 것이다. 곧이어 나에게 전화가 걸려왔다. 다급한 택시기사의 목소리였다.

"아가씨!! 콜을 불렀으면 제대로 안내를 하던가. 외국인을 태워놓고 뭐 어쩌란 말이요?!!"

다짜고짜 소리를 지르는 아저씨의 목소리에 난 무슨 말인가 싶어 택시로 향했다. 영문을 모르는 외국인들은 내리려고 하였고 난 택시기사에게 말했다.

"무슨 일인데요?"

"아니 ,아가씨 일을 이딴 식으로 하나?"

"제가 뭘요?"

"외국인들 목적지도 모르고 콜을 부르면 어쩌겠다는 건데?"

난 황당하였지만 얘기했다.

"이분들이 ○○병원으로 가신다고 했고 상담원한테 얘기했는데 뭐가 잘못됐어요?"

"그럼 나한테 똑바로 얘길 했어야지!!"

알고 보니 외국인들의 영어를 잘못 알아들으신 듯 보였다. 외국인들은 자꾸 하차하려 했고 난 기다려 달라며 자리에 앉혔다. 갑자기 난 화가 나기 시작했다.

"아저씨 제가 콜을 부를 때 분명히 목적지 얘기했고요. 그걸 나한테 화내실 게 아니죠!! 내가 잘못한 겁니까? 상담원이 접수할 때 목적지 얘길 왜 하라고 하는 건데요? 알고 오신 거 아니에요? 몰랐다고 해도 전화로 그렇게 화내실 문제입니까?"

그러자 택시기사는 무안한 듯 멋쩍은 표정을 지으며 말했다

"아니… 상담원이 제대로 말을 안 했구만…"

난 화를 가라앉히며 외국인들에게 인사를 하였고 그제야 안심한
듯 외국인들도 미소를 보였다.

택시를 부를 때 요즘은 목적지를 물어본다. 목적지에 따라 빨리
오는 택시도 있고 늦게 오는 택시 안 잡히는 경우도 허다하다. 요
즘은 다문화 시대라 그런지 한국에서도 다국적 외국인들을 쉽게
접할 수 있다. 영어가 기본이 된 시대에 서비스직종을 하는 사람
이라면 기본적인 건 숙지하였으면 한다.

난 영어를 잘 하지도 대화가 잘되지도 않지만 외국인들과 응대
하게 되면 피하지는 않는다. 그들도 알기에 어려운 대화는 하지 않
는다. 간단한 질문만 한다. 내가 못 알아들은 게 화 낼 일이 아니
라 간단한 거라도 알 수 있게 말이다.

요즘은 통역 어플도 많이 있다. 여러 가지 경로를 통해 알 수 있
는 방법은 다양하다. 서비스직종을 택한 사람이라면 조금이라도
노력하는 모습이 보여 졌으면 하는 바람이다.

콜택시2

어떤 남직원의 얘기이다. 방문객이 다가와 택시를 불러달라고 하였다. 원칙은 콜택시 번호만 불러주면 되지만 방문객은 잘 모르는 눈치였고 남직원은 서비스차원으로 콜을 불렀다고 한다. 시간이 지나 택시가 도착하였고 남직원은 다른 업무로 택시를 신경 쓰지 못했다고 한다.

그 택시는 기다리다 타지 않자 다른 손님을 태우고 가버렸다. 느낌이 이상해진 직원은 택시가 가버린걸 알았고 방문객에게 말하였다.

"방금 온 택시 왜 안타셨습니까?"

"네? 택시가 왔었어요? 그럼 왔다고 말을 해줘야 될 것 아니에요?"

"택시번호를 알려드리지 않았습니까?"

"내가 그걸 볼 여유가 어디 있어요? 그런 건 아저씨가 안내해야 되는 거 아니에요? 이상한 아저씨네."

남직원은 화가 났지만 참고 말하였다.

"저희는 택시만 부르지 끝까지 안내를 해드리진 않습니다."

그러자 여자 방문객은 소릴 질렀다

"뭐요? 씨발, 일 뭐같이 하네. 늦었으니까 한대 더 불러줘!!"

남직원은 어이가 없었지만 호흡을 가다듬었다.

"직접 부르시죠."

그러자 여자는 더 큰 소리로 외쳤다.

"몰라!! 니가 불러. 부르라고!!"

흥분하는 여자를 보자 살짝 무서워진 직원은 어쩔 수 없이 콜택시를 다시 불렀다. 다시금 여자를 쳐다보며 말했다

"이번에는 꼭 타셔야 됩니다."

여자는 아무렇지도 않은 듯이 잡지책을 보고 있었다. 택시가 오기 2분전 다른 택시가 손님을 내리기 위해 로비 앞에 정차했다. 갑자기 여자는 그 택시를 향해 뛰어갔다. 놀란 직원이 소리쳤다.

"저 택시 아닙니다!!"

그 여자는 외쳤다.

"아무거나 탈란다. 또 못타면 어떡하라고!!"

결국 그 택시를 타고 여자는 떠났다. 떠난 여자를 바라보며 직원은 소리쳤다.

"아아아아아아아아아아악!!!!!!!!!"

여자 탈의실

입사한지 얼마 안 되어 생긴 일이다. 여직원들이 출퇴근할 때 탈의실로 이용하는 곳이 있었다. 절대 남직원들이 들어갈 수 없는 금단의 구역이기도 했다. 아침 일찍 출근한 나는 어김없이 탈의실에 들어가 불을 켰다.

'헉!!!!'

불을 켜자마자 내 눈에 들어온 건 남직원이 소파에 누워있다 잠이 덜 깬 표정으로 나를 쳐다보고 있는 모습이었다. 그제야 그 직원도 날 보며 당황하기 시작했다. 나는 당황해서 계속 쳐다보았다.

남직원이 말했다.

"아… 저기 그게요… 너무 피곤해서… 정말 죄송합니다."

라고 말하고 쏜살같이 나가던 그를 바라보며 멍하니 잠시 생각을 하고 있을 때였다.

문자 한 통이 왔다.

"저기 아까 일은 정말 죄송합니다. 그런데 다른 직원들한테는 말하지 말아주셨으면 합니다. 부탁할게요."

그는 야간근무를 하다 쉴 곳이 없어 잠시 들어가 눈을 붙였다고 한다. 몇 시간 정도면 괜찮을 거라 생각했고 잠에서 깨지 못한 것 같았다. 난 고민이 됐다.

'이걸 어쩌지?'

고민하던 순간 다른 여직원들이 출근을 하였다.

"우리 탈의실 비밀번호를 바꾸는 게 어떻겠어요?"

다른 여직원들에게 의견을 물었다.

난 비번을 바꿔 오늘과도 같은 일이 발생하지 않기 위함이었다. 다른 직원들도 몇 개월에 한 번씩 바꿨었다며 내 말에 동의하는 듯이 보였다. 그러다 일은 터졌다. 여직원 중 한명이 옷을 갈아입다 얘기했다.

"이상하네. 뭐지? 누가 들어왔었나?"

나는 당황했고 무슨 일이냐고 물었다.

"왜요?"

"아니, 내 사물함을 누가 뒤진 거 같아요. 이렇게 해놓지 않았었는데, 핫팩도 사라졌네요."

'뭐지?'

난 그 남직원이 머릿속을 스쳐 지나갔다.

'아… 얘기해야 하나? 그 사람이 핫팩을 가져갔나? 핫팩을 왜 가져가. 추우면 말을 하지. 이런 젠장. 지금 말을 하게 되면 왜 진즉에 말 안했냐고 뭐라 할 거고 남직원은 왜 얘기했냐며 말할 거 같고 나만 쓰레기가 되는 건가…'

머리가 아파온다. 그 여직원은 자기물건을 누가 손대는 거 자체를 너무 싫어한다고 했다. 하긴 자기물건을 만지는 사람을 누가 좋아하겠는가? 나는 이런저런 생각으로 머릿속이 복잡해지기 시작했다.

갑자기 그녀가 말했다.

"탈의실 앞에 CCTV 있으니까 그거 확인해 봐야겠어요."

라며 자리를 떠났고, 난 재빨리 남직원에게 전화했다.

"저기요, 혹시 핫팩 들고 가셨어요? 없어졌다고 난리났어요. 어떻게 된 거예요?"

남직원이 얘기했다.

"아니에요. 저 진짜 손댄 거 아무것도 없습니다. 전 그런 사람 아닙니다."

'뭐야 도대체 뭐가 진실인가?'

정황상 의심받기 충분한 상황이었지만 그렇다고 확정을 지을 수

도 없었다. 난 머리가 아파왔다. 로비로 도착한 나는 일이 집중이
되지 않았다. 그러자 로비전화기에 벨이 울렸다. 그녀였다.

"여보세요."

"언니!! 어떻게 나한테 이러실 수가 있어요? 제가 모를 줄 아셨
나 봐요?"

굉장히 화가 난 그녀의 목소리가 전화기에 쩌렁쩌렁 울렸다.

"네?? ○○씨, 그게 아니구요. 사실대로 다 얘기할게요."

"아니요, 언니 진짜 실망이에요. 이런 일은 저한테 바로 말했어
야죠. 어떻게 숨길수가 있어요?"

"아니. ○○씨, 숨기려고 한 게 아니라… 정말 미안하게 됐어요.
미안해요."

"아니요!!!!!!!! 언니, 진짜 나 이번일 가만히 안 있을 거예요. 팀
장한테 보고 다할 거예요!!"

"○○씨, 내 말 좀…"

뭐라 설명할 시간도 없이 전화기는 끊어졌다.

'뚜뚜뚜뚜……'

"하아…"

순간 한숨이 나왔다.

담당 팀장이 왔고 나보고 무슨 일이냐며 물어와 난 있었던 일을
다 얘기하였다. 팀장은 걱정하지 말라며 실장님에게 보고하겠다
고는 사라졌다. 결국 해당 남직원은 시말서를 썼고 난 너덜너덜해

진 마음으로 여직원에게 문자를 보냈다. 그녀와 나는 오해를 풀었고 그 뒤론 별 탈 없이 잘 지냈지만 아직도 생각하면 황당하면서도 어이없는 사건이다.

지금에서야 느끼는 점은 무슨 일이 생겼을 때 숨기지 말고 사실을 얘기해야 하는 것이다. 내가 판단내리기 힘들 때는 관리자들에게 얘기를 해서 도움을 요청하는 것이다. 그리고 원칙을 깨트린 일에 동조하지 말고 사실대로 말해서 큰일이 벌어지는 것을 막아야 한다.

세상에 비밀은 없다. 그날 나에게 그런 일이 벌어진 것도 우연이 아닌 일종의 경각심이라 생각한다. 아무 일이 없이 지나갔다면 또 다른 누군가가 거기서 잠을 잘 수도 있었고 다른 일이 생길 수도 있었을 테니 말이다.

세상은 수많은 경험을 하게 만들고 내가 살아가는 데 있어 시험을 하게 만든다. 그 과정을 이겨내고 지혜롭게 풀어나가면 중복된 실수를 저지르지 않는다.

제일 중요한 것은 내 감정이다. 감정에 따라 움직이지 말자. 순간의 감정은 옳고 그름의 판단력을 상실하게 하여 일을 그르치게 하는 요소가 되기 때문이다.

이상한 여자

―

아주 무더운 여름날이었다. 꽃무늬 원피스 차림의 여자가 로비로 들어왔다. 들어올 때부터 음료수 캔 두개를 귀에 갖다 대고 오는 모습에 의아해 하긴 했지만 그러려니 생각해버렸다. 그 여자는 거리낌 없이 나에게 다가왔다.

"우리 남편이 키 맡겨놨을 텐데?"

"네?!! 아, 네. 성함이 어떻게 되시죠?"

"○○○."

"찾아보니 없는 데요. 안 맡기신 거 같습니다."

"아닌데, 맡겼어. 잘 찾아봐."

그 순간 이상함을 느낀 나는 옆 소파에 잠시 앉아서 기다려 달라고 하였다. 보안실로 전화를 했고 실장님과 직원들이 로비로 왔다.

"무슨 일이십니까?"

재차 묻는 직원들의 말에 여자는 짜증을 내면서 나에게 했던 말을 되풀이했다. 실장님은 나에게 정말 없냐고 물어봤고 난 메모지에 '조금 이상합니다.' 라고 적어 보여드렸다. 실장님은 눈치를 채고 그 여자에게 말했다.

"이 건물이 맞으십니까? 남편 분한테 전화를 한번 해보시겠습니까?"

여자는 고개를 끄덕거렸다. 갑자기 꺼낸 전화기는 아까 가져온 음료수 캔이었다. 두 개 중에 하나를 귀에 갖다 대고 말하기 시작하였다.

"여보세요. 여보, 지금 로비인데 키 안 맡겼어?"

그 순간 난 급하게 뒤돌아 웃음을 참았다.

"크크큭…"

다른 직원도 웃음을 참는 게 힘겨워 보였다. 전화를 마친 그녀는 맡긴 게 맞는데 하며 자꾸 중얼거렸고 실장님이 안내 해주겠다며 밖으로 데리고 갔다. 난 그 모습을 보고 약간 정신이 흐린 분이라고 생각했고 시간은 흘러갔다.

오후가 되어 퇴근시간 무렵이었다. 다른 옷을 갈아입고 그 여자가 다시 들어온 것이다. 무작정 엘리베이터를 타려는 그녀를 난 붙잡았고 팀장님에게 호출해 로비로 빨리 와달라고 했다. 그녀는 힘이 어찌나 센지 놓으라며 내 팔을 뿌리쳤다. 난 잠시만 기다려 달라며 시간을 끌었고 팀장님과 실장님이 다시 바깥으로 유인했다. 그녀는 다시 옆 건물로 들어가서 똑같은 행동을 하여 직원들에게 제지당했다.

우리는 경찰에 신고하였고 경찰들은 그녀를 데려 갔다. 알고 보니 백화점에서 물건을 훔친 이력이 있어 수배중인 상태였다. 너무 더운 탓일까. 온전하지 못한 정신에 물건도 훔친 것 같았다.

무덥고도 더운 여름날 잠시나마 더위를 잊은 하루였다.

뮤직비디오

어느 날 건물옥상에서 뮤직비디오 촬영을 하기 위해 남자그룹이 방문하였다. 한국에서 내놓으라 하는 댄스그룹 중 하나였지만 난 얼굴만 알고 이름은 다 몰랐기에 촬영하러 오나보다 라고 생각했다. 남자그룹은 도착했고 우리직원들은 아무도 큰 반응이 없었다.

"선배님, 저기 그 유명한 그룹 아니에요?"

"어디? 쟤네가 뭐하는 애들인데? 댄스그룹이가?"

"네, 얼굴 진짜 작네요."

"근데 남자애들이 뭐 저리 눈 화장을 진하게 했노? 희한하네."

"요새 애들 다 저래요."

"됐다. 쟤네가 뭐라고 난 아무 관심 없다."

"아…네."

다른 건물의 직원들도 똑같은 반응이었고 너무도 조용했다. 이

으고 매니저로 보이는 남자가 다가왔다.

"저기요. 매니전데요, 촬영 때문에 옥상 올라가야 되는 데요."

그러자 선배님은 환하게 웃으며 손을 번쩍 들었고 갑자기 소리 쳤다.

"네!! 제가 안내해드리겠습니다!!"

그렇다. 이 선배님은 언행불일치의 대명사다. 끝까지 안내를 맡고 퇴근하신 선배의 어깨가 처음으로 가벼워 보였다.

퀵 배달

한창 바쁜 오후 퀵 배달 기사가 로비로 방문했다. 난 배달지를 확인하고 통화를 하려는 순간 기사는 말했다.

"아씨, 바빠 죽겠는데 그냥 좀 올라갑시다."

짜증이 섞인 목소리로 나를 바라보고 있었다. 나는 침착하게 말을 했다.

"먼저 배달지가 맞으신지 확인부터 할게요."

그러자 기사는 말했다.

"맞지. 그럼 뭘 자꾸 확인하는데? 지하에서 부터 고생한 거 생각하면 짜증나 죽겠네. 여기 처음 온 사람들은 어떻게 하라고 복잡하게 해 놨노?? 적당히 좀 하입시다. 아가씨, 난 바쁜 사람이야."

다른 방문객들이 힐끔 힐끔 쳐다보았고 나는 또 한 번 참았다.

"마지막으로 확인만 하면 되니까 좀 기다리세요."

"아이씨, 짜증나네."

그 말을 듣는 순간 난 폭발하고야 말았다.

"뭐요, 아이씨? 아저씨 내가 아저씨더러 배달오라고 시켰어요? 내가 시켰냐구요?!!"

순간 사람들의 이목이 집중되었고 아저씨는 당황하기 시작했다.

"아니, 지하에서부터 확인했는데 또 확인한다니까 그런 거지 바쁜데…"

난 이어 말하기 시작했다.

"여기 오셨으면 절차에 따르는 게 맞는 게 아닙니까? 아저씨가 나한테 짜증을 내면 됩니까? 나도 여기서 일하는 사람입니다. 서로 예의는 지켜야죠. 안 그래요? 저 따라오세요."

그제야 아저씨는 별말 없이 사라져갔다.

처음 방문을 하는 사람들이라면 건물의 복잡하고도 긴 통로에 당황하기 시작한다. 하지만 누구나 그렇듯이 그곳에 가면 절차가 있고 엄격한 보안규정이 있는 것이다. 규정을 무시하고 내가 편하자고 편법을 쓴다면 보안직원이나 안내직원이 있을 필요가 없다. 방문 시 절차에 짜증이 나더라도 이해를 해야 하는 법이다. 모르면 물어보고 이해가 안 되더라도 이해하려고 노력하는 모습이 보였으면 한다.

원치 않은 고백

오전 한가한 시간이었다. 연세가 많으신 어머님이 로비로 들어오셨다. 난 어머님에게 무슨 일로 오셨냐며 물어보았다. 어머님은 딸 얼굴 보러 왔다며 ○○○호로 호출을 부탁하셨다. 난 호출을 하였다.

"여보세요."

중년 남성의 목소리가 들려왔다.

"사장님, 로비인데요. 어머님이 방문해주셨습니다. 안내해 드릴까요?"

"........."

순간 남성은 말을 하지 않았다.

"사장님?"

재차 묻자 한숨을 쉬며 남성은 말하였다.

"우리 어머니는 오래전에 돌아가셨어. 그런데 어떻게 오나?"

난 황급히 말했다.

"죄송합니다. 잘못 오셨나 봐요."

앞에 서 있던 어머님이 무안한 표정으로 나를 바라보았고 나도 무안했다.

"어머님, 잘못 찾아오신 거 아니에요? 이 건물이 맞습니까?"

"아⋯ 맞다. 거기가 아니고 ○○○○호네. 아가씨, 미안하다."

난 다시 연락하였고 확인이 되어 안내해 드렸다. 괜히 가슴 아픈 과거사를 들추게 한 것 같아 사장님에게 미안한 마음이 들었다.

태풍

이날은 엄청난 강풍과 비로 인해 태풍경보가 발생한 날이었다. 각종 언론 매체에서는 이 지역이 검색어 1위에 오를 정도로 대대적으로 보도가 되고 있었다. 난 오전 출근이 걱정되었지만 무사히 잘하였고 안심하였다.

오전 중에 강력한 태풍은 바다를 강타하여 물난리가 발생하였고 일부는 잠겨 통행제한이 생기기도 하였다. 로비에 서 있던 나는 끊임없이 울리는 전화로 응대하느라 정신이 없을 지경이었다.

그러다 전화한통을 받았는데 다급한 여자 분의 목소리였다.

"아가씨, 나 지금 지방출장 와있는데 내가 창문을 안 잠그고 나간 거 같아. 들어가서 확인 좀 해주고 빗물이 안으로 들어와 있으면 미화팀에 얘기 좀 해서 청소해줘. 부탁할게."

난 확인하겠다고 말하고는 담당 층에 있던 미화원님에게 연락하였다. 미화원는 알겠다며 와달라고 했고 난 담당 층으로 이동하였다. 들어가려고 하는 순간 미화책임자에게 전화가 울렸다.

"순덕씨, 어디에 있어요?"

"네, 지금 여기 안에 빗물이 들어차있다고 해서 로비 아가씨랑 확인해서 청소하려고 와 있습니다."

그러자 갑자기 화가 난 목소리가 들려왔다.

"아니!! 그곳을 왜 우리가 청소해요? 다른 일로 바빠 죽겠는데 그 안은 주인이 직접 하든가 해야지. 우리는 안까지 청소 안 해줍니다. 당장 내려와요!!"

담당 층의 이모님은 내 눈치를 보기 시작했고 나를 바꿔 주었다.

"여보세요."

"아니, 아가씨!! 지금 이게 뭐하는 짓이에요? 우리는 안까지 청소할 의무가 없어. 바쁜 사람 붙잡고 뭐합니까?"

나는 황당하였지만 말하였다.

"아니, 그게 아니라 로비로 연락이 왔어요. 확인 좀 해달라고 그래서 같이 온 겁니다."

"그러니까! 그건 우리가 할 일이 아니라니까! 빨리 그 직원 내려보내요!!"

끊어진 전화를 보며 나는 황당한 표정으로 담당 층 이모를 바라보았고 어쩔 수 없이 철수해야 했다. 난 로비로 내려와 선배에게 있었던 일을 말해주었고 선배는 나보다 더 화를 내며 미화책임자에게 전화를 걸었다. 한참을 통화하던 그는 나에게 사과하라며 책임자에게 따졌고 전화는 끊겼다.

결국 선배님이 올라가 빗물이 들어찬 바닥을 쓸고 닦고 청소를 하였다. 한참 뒤에 미화 책임자는 로비로 찾아왔다.

"아가씨, 아까 나는 우리가 해야 할일이 아니라서 바쁜 상황이라 본의 아니게 화를 좀 낸 거 같은데 기분이 많이 나빴다면 미안해요. 원칙은 우리가 그렇게 하면 안 되는 거라 그랬네. 아가씨가 마음이 여려서 상처 받은 거 같은데 이해해요. 알겠지요?"

그 순간 여리지 않은 난 어리둥절했지만 손윗사람이 직접 찾아와 사과하는데 안 받는 건 예의가 아닌 것 같았다.

"아, 예. 저는 원래 그 일이 해선 안 되는 일인 줄 몰랐네요. 알았으면 이모님한테 말을 안 했을 텐데. 저도 죄송합니다."

그러자 책임자는 주머니에서 초콜릿을 꺼내들었다.

"아가씨, 이거 먹고 기분 풀어. 같이 일하는 사람끼리 빨리빨리 풀어 삐야 된다."

나는 건네받은 초콜릿을 들고 고맙다고 하였다. 이어 책임자는 말했다.

"다음번에 비슷한 일이 생기면 나한테 먼저 전화 줘요. 수고해요."

일이 풀리자 날씨도 언제 그랬냐는 듯 개어 햇볕이 들어왔다.

나는 생각했다. 자기 부서마다 하는 일이 정해져 있고 정해진 범위를 벗어나는 일이 생겼을 때 엄격하게 거절을 해야 하는 게 맞는 것인지. 아님 유도리 있게 하는 게 맞는 것인지. 원칙을 따지다 보면 보안직원이 올라가서 굳이 청소할 필요가 없는 것이다. 해야 하지 않을 일을 우리가 하고 해당부서는 그런 일을 하지 않는다 하고 그것을 그대로 당사자에게 전달하였더라면 차후에 더 큰일이 생기지 않았을까 싶다.

원칙도 원칙이지만 상황에 따라 요구사항을 수렴하는 것도 자기 일에 해당되지 않을 런지 아쉬운 마음이 들었다.

이상한 고백

안내데스크에서 일한지 얼마 되지 않았을 때였다. 난 적응하느라 정신이 없었고 다른 직원들의 성향도 전혀 몰랐기에 알아가느라 하루가 멀다 하고 바쁜 나날이 지속되었다.

우리 건물에 새로운 선임분이 오셨고 같이 일하는 시간이 많아졌다. 이래저래 농담도 하면서 처음에는 꽤 잘 지냈던 것으로 기억한다. 몇 개월이 지나 다른 직원들에게서 선임의 얘기를 들었다.

"언니, 그분이 언니에게 관심 있다고 하던데요."

난 개의치 않게 넘겨버렸고 시간이 흐른 뒤 직원들과 회식 겸 친목모임을 한 적이 있었다. 다 같이 술 한 잔하며 즐거운 분위기가 지속됐다. 그날따라 선임은 술을 잘 마시지 않는 것이었다. '몸이 안 좋은가 보다.' 라고 넘겼고 집에 갈 시간이 되자 나에게 자기차로 집까지 데려다 주겠다고 했다.

대리기사를 불러 같이 탑승했고 왠지 모를 어색한 기운이 맴돌았다. 순간 난 계속 속이 좋지 않아 창가에 기대어 가고 있었는데 조용하던 선임이 말을 하였다.

"문정아, 나는 너에게 이성적으로 좋은 감정을 가지고 있는데 한번 만나보는 게 어떻겠니?"

그 말을 듣자마자 술이 다 깼고 머리가 희한하게 멀쩡해지기 시작했다. 난 황당한 표정으로 쳐다보면서 말했다.

"네에?"

선임은 심각한 표정으로 날 바라봤고 속으로 나는 대리기사 뒤에서 뭐하는 짓인가 싶었다.

'아… 으으으으으악… 뭔가가 잘못되었다.'

라며 빨리 집에 도착하길 기도했고 내리자마자 집으로 뛰어 들어갔다. 선임에겐 대답을 하지 않았다. 난 집에 들어가자마자 씻고 뻗어 바로 잠이 들어버렸다.

다음날 아침 문자한통이 와있었다.

'문정아, 내가 한말 심각하게 받아들이지 않아도 된다. 한번은 얘기하고 싶었다. 천천히 생각해라. 속도 안 좋을 텐데 푹 쉬어라.'

난 고민 끝에 답장을 보냈다.

'저를 좋게 봐주신 거에 대해선 정말 감사하게 생각합니다. 하지만 이건 아닌 거 같네요. 푹 쉬시고 다음 주에 뵈요.'

그 뒤로 한참 답이 없다가 답장이 왔다.

'그래ㅎ 다음 주에 보자.'

난 너무 어색했고 같이 얼굴 보며 일을 할 생각을 하니 불편해지기 시작했다. 이윽고 출근 날이 되었고 대면한 순간 어색하게 미소를 보이던 선임이 말했다.

"야, 너무 심각하게 생각하지 마라. 남자가 용기 있게 한번 얘기했음 됐지 뭐."

애써 아닌 척 쿨하게 말하던 선임이 아무렇지 않다며 혼자 위로했다. 난 속으로 외치고 있었다.

'그만해!! 더 이상 그만 말하라고!!'

난 포커페이스를 유지하기가 힘들었다. 그 뒤론 점점 말수가 줄어들었고 농담도 하지 않게 되었다. 너무 친근하게 다가간 내가 문제였다고 생각했기 때문이다. 시간은 흐르고 어색한 광경이 계속 지나갔다.

그러던 어느 날 선임이 나에게 말했다.

"문정아, 면담 좀 하자."

조용한 곳으로 데려간 선임이 말을 했다.

"문정아, 요즘에 무슨 일 있냐?"

"아니요."

"그런데 요즘 널 보면 나한테 장난도 안치고 멀리하는 거 같던데 왜 그러는 건데?"

"아무 일도 없어요."

"아닌데… 너 요새 나한테 불만 있냐?"

"아니요, 그런 거 없어요."

"그럼 너 혹시 그때 그 일 때문에 그러냐?"

갑자기 큰소리로 혼자 웃기 시작하였다.

"하하하. 야, 내가 너더러 결혼하자고 했니? 프로포즈를 한 것도 아닌데 뭐가 그리 너 혼자 심각하냐? 하하하 웃긴 녀석일세. 하하 하하하하"

난 자리를 박차고 뛰어나가고픈 마음이었고 선임이 진심으로 부끄러워지기 시작하였다. 혼자 생각하고 혼자 판단하는 사람이로구나. 난 정색을 하며 말했다.

"제가 요즘에 장난도 안치고 한 거는 선임 때문에 그런 겁니다."

그러자 갑자기 선임이 말했다.

"왜? 갑자기 왜 그런 건데?"

"그러니까 이제 저는 선을 그을 겁니다. 일반사원들하고 선임은 엄연히 직급이 다르지요. 그래서 이젠 급에 맞게 대우해 드리려고 제가 노력하는 겁니다. 좋게 생각하시면 되요."

내말을 다 듣던 선임이 얘기했다.

"하하하. 아니야. 문정아, 날 그렇게 어렵게 생각하지 않아도 된다. 전처럼 그렇게 해라."

"아니요. 전 이제 그렇게 할 겁니다. 시간이 많이 지났는데 먼저 일어나 볼게요."

"어? 그래, 수고해라."

난 나오면서 어이가 없었다. 갑자기 그 때 일을 왜 다시 꺼내는 건지 불편하기 짝이 없었다. 혼자 스스로를 괜찮다고 생각하는 건가. 아무튼 난 다시 일에 매진했고 얼마 지나지 않아 선임은 새로운 여자 친구가 생겼다. 난 진심으로 저 커플이 결혼까지 하길 기도하였다. 그 이후에 선임은 퇴사를 하여 다시 볼일은 생기지 않았다.

지금 생각해 보면 아직도 민망하기 짝이 없지만 같이 일하는 공간에서 윗사람이 손아랫사람에게 관심 있다고 표현을 한다면 다른 사람들은 어떠한 결정을 내릴지. 그만두는 사람도 있을 것이고 나처럼 불편하게 지내는 사람도 있을 것이다. 하지만 만약 어렵게 입사한 곳에서 저런 제의가 들어온다면 편하게 일을 하기 위해 받아들이는 사람도 있을 것이라 생각된다.

제일 좋은 방법은 일하지 않고 저런 상황 자체를 만들지 않는 것이지만 현실은 어렵다. 때에 따라 다를 테지만 정답은 없다. 현명하고 지혜롭게 헤쳐 나가길 바래본다.

초등학생의 반란

―

　입사한지 얼마 되지 않아 일을 할 때였다. 초등학생 한명이 나에게 다가왔다.

　"혹시 수정이 봤어요?"

　난 초등학생을 보며 말했다.

　"수정이가 누군데?"

　초딩이 말했다.

　"수정이 있잖아요!! 몰라요? 아 답답해…"

　난 순간 황당하였지만 침착하게 말했다.

　"내가 여기 온지 얼마 안 되서 누가 누군지 잘 몰라. 그래서 그러니 이해해줄래?"

　실망스런 표정을 짓던 초딩이 따지며 말했다.

　"아 왜 몰라요. 여기 보안아저씨랑 이모는 다 아는데!!"

순간 속에서 열이 차오르는 걸 느꼈지만 다시 웃으며 초딩에게 말했다.

"너 주연이 아니?"

초딩이 말했다.

"주연이가 누군데요?"

난 웃으며 이어 말하기 시작했다.

"주연이는 내 친구야. 넌 왜 내 친구가 누군지 모르니? 봐봐. 너도 내 친구를 모르는데 내가 어떻게 네 친구를 알겠니?"

그제야 초딩은 이해한 듯이 아무 말 없이 사라져갔다. 그 이후에 초딩은 친구에 관해 다신 묻지 않았다.

방귀 사건

늦은 저녁 초딩이 로비로 찾아와 엘리베이터 키를 찍어 달라 하였다. 매번 키를 안가지고 다니는 아이였고 그날도 어김없이 나를 찾아와 얘기했다.

"키 좀 찍어주세요."

바쁜 시간대였지만 안 찍어주면 찍어줄 때까지 기다리는 아이였기에 난 곧장 말했다.

"빨리 와. 찍어 줄 테니!!"

초딩은 씽씽이를 타고 나를 따라왔다. 엘리베이터가 내려 올 때까지 기다리고 있는데 갑자기 뒤에서 큰 소리가 났다.

"뿌~악!!!!"

난 소리에 놀라 뒤돌아보니 그 초딩이 아무렇지도 않은 듯이 날 쳐다봤다. 순간 난 진심으로 화가 나기 시작했다.

"○○야, 너 방귀 꼈냐?"

초딩이 말했다.

"네, 히히히"

그 모습에 짜증이 난 나는 말했다.

"야, 너 좀 심한 거 아니냐? 난 널 위해서 키를 찍어주러 왔는데 넌 나에게 방귀를 줬어. 당장 사과해라. 어서!!"

남자 초딩 아이는 계속 히죽거리며 웃어댔다. 엘리베이터는 도착하였고 키를 찍어주며 마지막으로 경고를 하였다.

"한 번만 더 뀌면 더 이상 너한테 키 찍어주는 일 없을 거다!!"

끝까지 웃고만 있던 녀석에게 괘씸함을 느꼈다. 저번에도 이 녀석이 키를 찍어 달라 했었고 그땐 사람이 좀 많았었는데 어디선가 심한 방귀냄새가 났던 것이다. 이 냄새는 아이의 냄새가 아닐 것이라 생각했고 사람들은 날 쳐다봤다. 괜한 오해를 산거 같아 억울하고 화가 났던 적이 있었기 때문이다. 날아다니는 방귀이고 생리현상이라지만 이건 예의에 어긋나는 법이다.

처음으로 난 방귀 때문에 모욕감을 느낀 날이었다.

준영이의 정체

늘은 저녁 어떤 여자와 딸이 방문했다.

"○○층 방문 왔는데요."

"잠시만 기다려 주시겠습니까?"

인터폰으로 확인을 한 나는 안내하기 위해 엘리베이터로 다가갔
다. 애들의 이름이 갑자기 생각났고 순간 머릿속에서 준영이라는
이름이 떠올랐다. 방문객에게 난 웃으며 말했다.

"준영이네 집에 오셨나 봐요."

방문객은 날 이상한 표정으로 쳐다보더니 말했다.

"아니요."

내가 실수한 건가 싶어 계속 머릿속으로 생각을 해내고 있을 때
엘리베이터는 도착하였다. 방문객을 태우고 안내하며 얘기했다.

"아, 민주와 태훈이네 집에 오셨네요."

방문객은 그제야 고개를 끄덕였다.

"네, 그럼 들어가세요."

라고 인사를 했고 로비로 온 나는 준영이의 이름의 실체를 알고 웃을 수밖에 없었다.

준영이는 민주 아버지였던 것이다. 등기우편물을 보관하다 보면 자연스레 이름을 외우게 되는데 그 때 외워진 것이라 생각했다. 아버지를 아버지라 부르지 못하고 어머니를 어머니라 부르지 못한다는 말이 생각이 났던 하루였다.

뒷담화

사람들은 직장생활을 하면서 직원들 간에 뒷담화를 한 번씩 듣거나 말을 한 적이 있을 것이다. 뒷담화를 하면서 같이 동조해 주는 사람, 당사자를 감싸주는 사람, 들은 걸 그대로 당사자에게 말해주는 사람 등 상황에 따라 다양한 사람들을 볼 수 있었을 것이다.

내가 일한지 얼마 되지 않았을 때에 일어난 일이다. 로비에 전화가 울렸고 난 다른 업무로 전화를 받지 못했다. 밖에서 상황을 지켜보던 선임이 사람들이 많은 로비로 와서 나에게 큰소리를 치기 시작했다.

"야!! 넌 전화도 안 받고 뭐하냐? 니가 해야 할일은 해야 할 거 아니냐? 뭐가 중요한지 생각을 하고 일해란 말이다."

라며 혼자 소리를 빽 질러대며 밖으로 나갔고 혼자 남겨진 나는 사람들의 엄청난 시선을 느꼈다. 이 문제가 저렇게 화를 낼 문제인가. 내가 놀고 있었던 것도 아니었고 다른 업무로 인해 전화 한 통 받지 못한 게 그렇게 죽을 죄인인가. 선임이라고 생각해서 참고 또 참았는데 그때부터 나와 사이가 뒤틀리기 시작했다.

시간은 지나가고 내가 일을 하던 업무 중에 메모와 PC에 동일하게 기록을 해야 되는데 메모만 있고 PC엔 기록이 되지 않아 다른 사람에게 선임이 욕을 먹은 일이 있었다. 출근하자마자 선임은 나에게 이런 일이 있었다고 얘기했고 다음부턴 실수하지 마라며 주의를 주었다. 나는 연신 '죄송합니다.'라며 '두 번 다신 실수하지 않겠다.'고 했다.

그 다음날이었다. 야간업무를 하고 나와 교대하려 했던 직원이 얘기했다.

"어제 무슨 일 있었어요?"

"네? 왜 그러세요?"

"아, 어젯밤에 선임이 문정씨 욕을 하던데요."

"네?!! 뭐라고 하던데요?"

"자기가 대신 욕먹었다면서 이래서 여직원들한테 잘해주면 안 된다고 일처리도 못한다고 하던데요."

그 순간 난 화가 났지만 가라앉히고 말했다.

"어제 그 일 있고 나한테는 아무 말 없었어요. 다음부터 실수하지 말라고 하길래 알았다고 했는데 그런 얘길 또 했단 말인가요?"

"네, 신경 쓰지 마세요. 지가 욕먹어서 기분 나빴나 보죠."

말을 전해준 직원은 퇴근하였고 난 신경이 쓰여 일에 집중할 수 없었다.

'전화해서 따질까? 그럼 일이 커질 텐데 참을까?'

머릿속엔 온통 이런저런 생각으로 가득 찼고 다음 날 선임은 아무렇지 않게 웃으며 날 대했다. 그 모습을 본 순간 가식적이라고 느껴진 나는 폭발하고 말았다. 로비에서 사람들이 있건 말건 선임에게 따지기 시작했다.

"어제 분명히 저한테 실수한 일로 별말 안하셨죠?"

"어, 그래. 그게 왜?"

"그런데 왜 뒤에선 욕을 합니까?"

"내가? 누가 그러던데?"

"지금 누가 말한 게 중요해요? 그렇게 마음에 안 드셨으면 나한테 직접애길 하지 사람 기분 나쁘게 왜 뒤에서 말을 합니까?"

사람들의 시선을 느낀 선임이 당황해하며 말하였다.

"야, 창고로 들어 온나."

들어가자마자 선임은 나에게 말했다.

"문정아, 누구한테 그런 말 들었는데? 혹시 야간조애가 그랬나?"

"지금 누가 말한 게 문제가 아니잖아요."

"야, 오해다. 그리고 로비에서 그렇게 큰소리로 말하면 어떡하니?"

"저번에 똑같이 로비에서 소리 지르고 혼자 나가셨잖아요. 그리고 나한테 불만이 있으시면 직접 말을 하지 왜 뒤에서 욕을 해서 내 귀에 들어오게 합니까?"

"문정아, 실은 내가 여기 온지 얼마 안 되서 애들하고 잘해보려고 하는데 애들이 잘 안 따라준다. 그래서 나도 너무 힘들다."

그 말을 듣는 순간 난 어이가 없었다. 내가 듣고자 하는 말은 이 말이 아니었다.

"그 문제는요. 저한테 말할게 아닌 거 같은데요. 그건 본인 재량이지 않습니까? 사람을 이끄는 건 자기 할 탓이지 남의 탓이 아닌 거 같네요."

"아니, 그게 아니고…"

"아니요!! 시간이 없으니까 본론만 얘기할게요. 앞으로 다른 사람한테 뒤에서 저에 대한 말 하지 마세요. 한번만 더 들렸다간 저도 제가 어떻게 할지 모르겠네요. 전 이 말 하려고 들어온 겁니다. 이만 나갈게요."

선임은 어이가 없는 표정으로 날 바라봤다. 로비에 서서 일하는 내내 불편한 마음이 가시질 않았지만 내가 지금 이 상황을 바로 잡지 않으면 안 된다는 생각이 들었다. 그 후에도 몇 차례 선임은 다른 직원들과도 불화가 생겼다. 그리고 두 번 다시 나에 대한 얘기를 들을 수는 없었다.

고요 속의 외침

한산했던 오전에 난 데스크에 혼자 서 있었다. 익숙한 사장님의 모습에 꾸벅 인사를 했다.

"안녕하십니까."

사장님은 날 한번 힐끗 쳐다보더니 고개를 끄덕였고 어디론가 전화를 하였다.

"여보세요? 아줌마, 그 내가 밥 먹던 테이블 위로 보면 매일 먹던 약 말고 최근에 새로 지은 약 봉지가 있을 거예요. 그거 좀 가지고 로비로 내려와요."

일하는 아주머니랑 통화하는 것 같았다. 아주머니가 뭐라고 하는지 들리지 않았지만 뭔가 착오가 생긴 듯 보였다.

"아니, 아줌마. 거기 들어가지 말고 테이블 위에 보면 아침 점심 저녁 약 써 있는 거 말고 새로 지은 약봉지 있다니까 거 참 안보입니까? 에? 실컷 들어놓고 전화기 상태가 안 좋다는 건 또 뭐요? 참 답답하네…"

점점 짜증 섞인 말투가 들려왔고 이내 바깥엔 기사가 차를 대기 시키고 있었다.

"아니, 아니. 거기 말고 아이고… 진짜!!"

전화를 끊은 사장은 기사를 보더니 갑자기 들어오라는 손짓을 하였다. 기사는 빠른 속도로 들어왔다.

"내 테이블 위에 보면 약봉지 하나 있을 거야. 그거 좀 가지고 내려와요."

기사가 이내 답하였다.

"네, 다녀오겠습니다."

먼저 밖에 차 좀 제대로 주차하고 들어오겠습니다. 밖으로 총알같이 나가던 그를 사장은 말릴 수가 없었고 사장의 얼굴은 붉으락푸르락 거리며 터지기 일보직전이 되었다.

그 순간 사장과 나는 눈이 마주쳤고 사장이 말했다.

"아가씨, 그냥 내가 가지러 간다고 말해주고 밖에서 기다리라고 해줘요."

나는 알겠다고 말하며 기사에게 다가갔다. 주차를 하던 기사에게 난 외쳤다.

"기사님!! 사장님이 그냥 계시라네요. 직접 갔다 오신데요."

그러자 기사는 알겠다고 하며 사장 뒤를 쫓아가는 것 아닌가? 난 이런 상황이 뭔지 어리둥절하였다. 그러자 사장은 가던 길을 멈추고 울상 섞인 표정으로 기사를 바라보더니 큰 소리로 외쳤다.

"안가!! 약 안가지고 갈란다. 그냥 갑시다."

어리둥절한 표정을 짓는 기사에게 또 한 번 큰소리로 외쳤다.

"그냥 가!! 가자고 늦었다고 갑시다. 좀!!!!!!!!"

기사는 깜짝 놀라며 대기 중인 차에 사장을 태우고 급히 빠져나갔다. 그걸 보고 있자니 가족오락관의 고요 속의 외침이 떠올랐다. 그래도 거긴 큰 노래 소리 때문에 상대방의 애길 입모양으로만 보고 알아맞히는 거였지만 이건 서로 의사소통이 그냥 안 되는 상황이었다.

일을 열심히 해보려는 자와 무슨 말인지 이해를 못하는 자, 그리고 마지막으로 이 모든 것이 답답하고 화가 나는 자, 결국 기사와 가사이모는 다른 사람으로 바뀌었다는 후문이다.

세 사람의 모습을 보며 난 잠시 웃으며 생각을 했다. 사장님의 진정한 파트너는 없는 것일까?

첫인상

이른 오전 한적한 시간이었다. 어떤 사모님이 로비에 날 보더니 멈춰 섰다.

"아가씨."

"네? 무슨 일 있으세요?"

"다른 게 아니고 내가 진짜 억울해서 잠을 못자겠어."

"왜 그러시는데요?"

"아니, 글쎄 어제 엘리베이터를 타고 내려오는데 웬 젊은 여자가 타는 거야. 나를 위아래로 훑어보더니 대뜸 한다는 소리가 여기서 얼마 받고 일해요? 이러는 거야. 내가 기가차서 난 그런 사람 아니라했는데 계속 그 여자는 킥킥거리며 웃는 거야. 그러면서 알겠다고 혹시 전화번호 하나 알려줄 수 있으면 알려달라고 자기 집에 일할사람이 필요하다고 계속 그러는 거야. 내가 너무 수치스럽고 부끄럽고 손이 달달 떨려서… 어딜 봐서 일하는 가사도우미로 보이는지. 아가씨 눈에도 내가 일하는 사람으로 보여??

얘길 다 들은 나는 황당하면서도 어이가 없었다.

"아니요, 어딜 봐서 사모님이 가사도우미로 보입니까? 그 사람이 잘못 봐도 한참 잘못 봤네요."

"그치? 아가씨도 그렇게 생각하지? 내가 우리 딸래미한테 얘기하니까 남우세스럽다고 다른 사람한텐 말하지 말라고 했는데 내가 너무 답답해서 있을 수가 없다."

"아이고, 말씀 잘하셨어요. 가슴에 담고 있으면 병 됩니다. 너무 그 말에 신경 쓰지 마세요. 마음 푸시구요."

"그래. 근데 생각하면 할수록 열 받아서 잠이 안 오더라고. 남편한테 말하니까 하는 소리가 평소에 잘 꾸미고 다니라고 하질 않나. 진짜 억울하데이."

사모님은 정말 화가 나 스트레스를 받은 것으로 보였다. 나는 또 한 번 진정시키려고 애썼고 나에게만 말하신다며 말씀하신 비밀 아닌 비밀얘기는 사모님과 나만이 알고 있는 얘기가 되어 버렸다.

사람들은 대개 상대방의 첫인상을 보고 그 사람의 이미지를 생각하고 판단한다. 내가 만약 그 젊은 여자였더라면 애초에 그런 걸 묻지도 않았을 테지만 정말 가사도우미가 필요한 급한 사정이 있었다면 실례지만 알고 있는 가사도우미나 업체를 소개시켜달라고 공손히 물어봤을 것이다.

사람의 겉모습만 보고 평가하는 혼자만의 판단과 생각은 서로간의 오해와 실수를 만드는 원인이 되기도 한다. 나또한 수많은 사람들을 봤었고 그 사람들의 첫인상을 내 마음대로 평가하기도 했었다. 하지만 첫인상이 좋지 않다고 해서 그 사람의 인격이 떨어진다던지 좋은 직업을 가지지 못한다는 건 절대 아니다. 재벌 상류층의 살고 있는 사람이 얼굴에 난 재벌이라고 써 붙이며 다니지 않는다. 또한 행색이 초라한 사람이 수십억 원대 자산가인 경우도 있다.

이처럼 우리가 보고 있는 모든 것이 다가 아니듯이 상대방을 잘 알지 못하더라도 겉모습과 이미지로 급한 판단을 내리지 않길 바란다. 사람들의 이미지는 항상 바뀔 수 있고 그런 이미지를 잘 이용하는 사람은 사기꾼일 가능성이 높다. 겉모습에 현혹되지 말고 상대방의 인성을 먼저 파악해보는 것이 후회하지 않는 인간관계를 만들 수 있지 않을까?

말벌

때늦은 오후시간 로비에서 나 혼자 여러 가지 일거리를 한꺼번에 해결하며 정신이 없을 때 였다. 로비에 전화가 걸려 왔다. 잔뜩 겁에 질린 남자의 목소리가 들려왔다.

"아가씨, 여기 ○○○인데 지금 말벌이 들어와 있거든. 이거 좀 누구 불러서 잡으러 오면 안 될까??"

얘길 들은 나는 조금 당황스러웠으나 이내 침착하게 말을 했다.

"사장님, 시설팀에 문의 한번 해 보시겠습니까?"

"시설팀? 일단 알겠어요."

보안팀은 아무런 도구도 없거니와 시설팀엔 장비하나쯤 가지고 있을 것 같았다. 시간이 흐르자 웬 구급대가 로비 앞에 멈춰 섰다.

4~5명이 내리며 급히 올라가기에 몇 층을 가냐고 물어보니 아

까 말벌이 나온다는 그곳이었다. 정말 큰 말벌집이 있는 건가 싶어 걱정이 되었다. 잠시 후 허탈한 표정을 지은 구급대원들이 철수하였다. 알고 보니 말벌은 단 한 마리였다. 그 한 마리를 위해 구급대원들이 온 걸 생각하니 황당하면서도 미안한 마음까지 들었다.

　말벌이 너무 무서운 사장님이었나 보다. 다음번엔 잠자리채 하나라도 구비해두고 사장님이 부르면 들고 올라가야겠다.

바꿔

로비에서 자주 보는 회장님이 있었다. 평소에는 조용하시고 과묵하시던 분이였지만 화를 내면 엄청 불같은 분이셨다. 그런 성격을 알고 있었기에 난 일을 하면서 실수하지 않으려 애썼다. 그래서일까?

회장님의 운전기사는 연봉이 꽤 높았지만 다들 오래 일하지 못하고 바뀌는 일이 허다했다. 첨엔 고소득에 호기심으로 입사를 한 사람들이 최선을 다해 운전기사로서의 역할을 다하다가도 갑자기 그만두거나 다른 사람이 대체로 일을 하는 것이다. 난 항상 그 이유가 궁금했다. 왜 자주 바뀌는 것일까? 깐깐한 성격 탓인가? 깐깐한 회장님의 유일한 단점이자 놀라운 점은 항상 젊은 여자 분이 옆에 있었다는 것이다.

그 여자 분이 한 번씩 쇼핑을 하게 되면 고가의 물품을 마음껏

사주신다고 한다. 원하는 명품품목을 원하는 대로 사들이는 것이다. 회장님의 여자들은 하나같이 예쁘고 젊으며 주기적으로 바뀌었다. 곰곰이 생각하니 여자들은 나이 지긋한 사장님 옆에 있으면서 원하는 걸 갖는 패턴이었다. 그렇다. 운전기사들의 잦은 퇴사는 깐깐한 회장님의 성격 탓이 아니었다.

우연히 들은 지인의 얘기는 놀라웠다. 기사들의 잦은 퇴사의 이유는 회장님의 곁에 있는 여자들 때문이라는 것이었다. 아무리 하찮은 직업이라도 같이 일하는 회장님이 존경할만한 인물이라면 일이 아무리 힘들어도 연봉이 작더라도 끝까지 함께 있고 싶어 한다. 고연봉의 조건 좋은 직장의 수행기사라면 웬만한 일로는 절대 그만두지 않는다. 하지만 존경할 수 없는 인물이라면 오랫동안 곁에서 일하기가 힘들어 진다.

처음엔 참고 돈만 생각해서 일을 하다가도 결국은 내가 모시는 회장님의 다른 모습들에 말할 수 없는 답답함도 있었을 것이라 예상된다. 사람들은 누구나 남들에게 밝혀지길 꺼려하는 비밀이나 사생활이 하나쯤은 가지고 있다. 감추고 싶은 일이 밝혀지게 되었을 때 대처하는 방법도 가지각색인데 회장님의 대처는 새로운 사람으로 교체하는 방법이었다. 그 방법이 언제까지 유효할지 모르나 이제는 더 이상 바뀌지 않길 바래본다.

사과

———

주말을 쉬고 기분 좋게 출근했던 월요일이었다. 퇴근시간이 두 시간 정도 남았을 때 일이다. 어떤 분이 택배하나를 보내셨는데 기 사님이 가져갔는지 확인해 달라는 연락을 받았다. 확인을 하니 기 사가 가지고 가지 않았고 난 연락을 해서 그대로 있다는 말을 하 였다. 그러자 갑자기 날이 선 목소리가 들려왔다.

"뭐요? 그걸 아직 안가지고 갔다고?? 토요일 날 보안직원이 내 가 월요일 날 보낼게 있다고 하니 두시 전에만 달라 해서 내가 두 시에 내렸는데 택배가 안 갔다는 게 말이 됩니까?"

난 들은 바가 전혀 없었고 화가 나 목소리가 커진 사모님을 달래 야 했다.

"아, 그러셨어요? 저희 직원이 응대를 잘못한 것 같습니다. 월요 일은 기사님이 빨리 가시기 때문에 12시까지 내려줘야 발송이 가능한데요. 죄송합니다."

"아니, 아가씨. 요즘 직원들이 많이 바뀌었어? 옛날 직원들이 하나도 안보이네."

나는 말했다.

"아, 네. 요즘 바뀌긴 했습니다."

그러자 더 큰 목소리가 들려왔다.

"아니, 그러면은 교육을 똑바로 시키던가? 요즘 하는걸 보면 정말 맘에 안 든다. 무거운 짐 들고 있는 걸 뻔히 보고도 모르는 척하질 않나 진짜 똥인지 된장인지 구분도 못하는 애들이 수두룩하다. 이거 잘못된 거 아니야?"

난 할 말이 없었다.

"네, 죄송합니다. 다음부턴 이런 실수 없게 조치를 취하겠습니다."

그러자 일방적으로 통화는 끊어졌다. 난 상당히 기분이 좋지 않았다. 잘못된 일에 대한 지적도 지적이지만 다른 직원의 실수로 내가 이런 말을 들어야 한다니 말이다.

시간이 지나 사모님이 로비로 내려왔다.

"아가씨, 진짜 내가 너무 화가 나서 내려왔다. 진짜 그거 급한 물건인데 빨리 안가면 안 된단 말이다."

난 고개 숙여 연신 죄송하다는 말만 되풀이했다. 한참을 얘기하던 사모님이 내 옆에 있던 남직원에게 말했다.

"아니, 오빠야. 니는 니가 한 일이 아니라고 지금 모르는 척 하
는 기가? 왜 가만히 서서 딴 데 보고 있는데?"

그제야 고개를 돌린 남직원이 멋쩍은 표정을 지었다. 그 모습을
본 사모님이 돌아가며 큰 한숨을 내쉬었다. 뭔가 상당히 불편하셨
던 모양이다. 입장을 바꿔 생각하면 충분히 화낼 만도 했다. 인수인
계가 잘 되지 않아 문제가 생긴 것이라 팀장님한테 보고를 하였다.

그 일이 지나고 주말 혼자 로비를 보고 있었다. 해당 사모님이
밖에서 들어오고 있었다. 어색하게 눈치를 살피던 사모님이 나에
게 말했다.

"아가씨, 이거 참 맛있더라. 먹어봐."

내 눈에 들어온 건 빨갛게 익은 사과였다. 난 생각했다. 사과를
나에게 주신 게 그 일 때문에 간접적으로 사과를 하신건가. 그렇
게 말을 하고 마냥 마음이 편하시지 않았던 것이었나 보다. 난 사
과를 받아들고 잘 먹겠다며 인사를 하였다.

사람들은 상대방에게 요구를 하거나 무엇인가를 바랄 때 기대를
하는 모습이 있다. 그 기대치가 이루어 지지 않을 땐 큰 실망을 한
다. 실망을 줘선 안 되지만 실망을 주게 되었을 땐 두 번 다시 똑
같은 실수를 반복하면 안 된다. 그땐 사과 한 트럭을 줘도 서로간
의 관계 개선이 될 수 없다.

관심법

———

일하는 사원 중에 생각하는 것이 조금 남다른 사원이 있었다.

바쁜 오후에 로비 앞 차량들은 인산인해를 이루었다. 혼자 로비 업무를 하느라 바빴고, 엎친 데 덮친 격으로 다른 사람의 신고로 구급차가 들어오기 시작했다. 구급차는 여러 차량들 사이에 끼여 이리하지도 저리하지도 못하는 상황이 연출되었다.

원칙이라면 차량을 관리하는 게이트에서 봐가면서 차례대로 넣어야 되는데 무슨 경우인지 차량을 막 집어넣는 것이었다. 화가 난 나는 게이트 근무자에게 전화를 하였다.

"○○아, 지금 로터리에 차량 막힌 거 안보이나? 왜 자꾸 차를 넣어? 저 구급차는 뭔데?"

그 사원은 당황해 하며 확인하겠다고 하곤 전화가 끊어졌다.

그러자 차를 또 집어넣는 것이 아닌가.

'이건 무슨 경우지?'

화가 머리끝까지 날 때쯤 관리자가 확인하여 차를 급하게 정리하고 구급차를 세웠다.

모든 상황이 정리된 후 교대시간이 되었다. 그 사원은 로비로 들어왔고 혼자 아무 일 없다는 듯이 다른 근무지로 교대를 하였다. 이후로도 하루 종일 정신없는 행동을 반복했다. 그로인해 난 극심한 스트레스를 받으며 하루를 보냈다.

다음날이 되어 같이 로비근무를 보게 되었고 마주하게 되었다. 어이없는 점은 나를 태연하게 대하는 태도였다. 그 태도가 너무나 마음에 들지 않았고 결국 참다못해 말을 꺼냈다.

"○○아."

"네?"

"나랑 얘기 좀 해야겠다."

"예? 네."

"너 어제 왜 그랬는데?"

"어제… 무슨 일? 아…"

아무 것도 모르는 척을 하며 얘길 하는 모습에 황당하면서도 웃음이 나오는 것을 참은 나는 이어 말을 했다.

"어제 구급차량이 들어와도 연락이 안 되질 않나, 다른 차를 계속 집어넣지를 않나, 도대체 어디다 정신을 팔고 다니는 거고?"

"아, 그게…"

"구급차량 들어온다고 로비에 전화했는데 계속 통화중이라서 말을 못 했고요. 어제 사실은 신입 때문에 정신이 하나도 없었습니다. 신입이 일을 엉망으로 만들어 놔서 수습하느라 진을 뺐습니다."

결론은 자기 잘못은 하나도 하지 않았다는 얘기였다.

기가 막힌 나는 곧바로 얘기했다.

"신입이 일이 서툰 건 당연한 거고, 그걸 가르쳐 주는 것 또한 네가 할 일이지. 새삼스레 모든 걸 신입 탓으로 돌리면 되겠냐? 네가 해야 될 일이 있는 거고, 그걸 넌 어제 못한 거다. 알겠냐?"

"선배님, 아… 사실은 어제 제가 정신이 없었던 이유가 하나 더 있습니다."

"뭔데?"

"게이트 업무 볼 때 제 폰이 해킹된 상태였습니다. 그래서 저에게 연락이 안 되셨을 겁니다. 제가 무료 와이파이를 쓴 적이 있는데 해외에서 누가 제 폰을 해킹하고 도용해서 결제창이 떠서 놀래 가지고 폰 신고하고 초기화시키고 한다고 정신이 없었습니다."

난 평범하지 않은 폰 해킹 이야기를 계속해서 들었고 이 일은 〈그것이 알고 싶다〉에 나와야 되는 것이 아닌가 하는 생각을 하게 되었다.

"그래. 너에게 좋지 않은 일이 일어난 건 알겠는데, 난 네가 해킹을 당했는지 뭔지 알 수가 없잖니? 그리고 일은 또 일이잖아. 해야 할 건 이젠 좀 챙기고 하자. 알겠제?"

"네, 알겠습니다. 제가 원래 완벽주의자인데 어제 같은 일은 용납이 안 됩니다. 저 자신도 이해할 수 없습니다."

완벽주의자? 갑자기 진지한 표정으로 심각한 얘기를 하는 모습을 보니 황당하면서도 저런 멘트는 실제상황에서 자주 보던 것으로 연기자의 표정 같기도 하였다.

"됐다. 그만하고 다음부턴 우리 정신 좀 차리자!"

난 애써 이 일의 마무리를 지었다.

"와, 선배님은 말을 참 잘 하시는 것 같습니다. 상대방 배려를 잘 해주시네요."

"그래, 됐다. 그만 얘기하자."

그 후로 더 이상 추궁하지 않았고 아무렇지 않게 일을 하였다.

나도 이제 나이가 들어서인지 하고 싶은 말을 하지 못하면 답답해서 견딜 수가 없는 성격이 되어가고 있었다. 하지만 이 일이 지나간 후 얼마 뒤에 사건이 또 터지고야 말았다. 난 급한 용무로 인해 남다른 이 사원에게 전화를 하였고 계속 통화중인 것이었다. 어쩔 수 없이 근무지로 인터폰을 하게 되었다.

"○○아, 통화중이니?"

"네, 통화하고 있습니다."

"급한 전화니?"

"아닙니다."

"그럼 내가 전화할 테니까 전화 좀 받아라. 제발…"

"네, 알겠습니다."

난 다시 전화를 걸었다.

"○○아, 누구랑 그렇게 통화를 하는데?"

"아, 제가 다리를 다치지 않았습니까? 좀 안 좋다고 하니까 다른 선배가 제 걱정해준다고 통화를 좀 하고 있었습니다. 저에게 누구처럼 이렇게 닦달하듯이 말은 안하더라고요."

'이건 또 무슨 말인가?'

자기가 아픈 것은 아주 대단한 일이고 난 그걸 모르기 때문에 천하의 죄를 지은 사람이 되었다.

'아 내가 아주 나쁜 사람이구나…'

난 또박또박 그 사원에게 얘기하기 시작했다

"○○아, 네가 나한테 언제 몸 아프다고 얘기한적 있나?"

"네?!! 아니요."

"그런데? 그럼 내가 네 몸이 아픈지 무슨 생각을 하는지 내가 어떻게 아노?!! 나한테 너무 많은걸 바라는 거 아닌가?"

순간 당황한 사원은 말을 제대로 하지 못했다. 이정도면 내가 궁예라도 되어서 관심법을 써야하는 상황인 것이다. 그리고 계속 말을 이어나갔다.

"네가 다리를 다친 건 참 안된 일이긴 한데, 공은 공이고 사는 사

아니겠나? 너 때문에 전화를 계속 하게 만들고, 급해 죽겠는데 대체 뭘 내가 어떻게 해주길 바라노?"

"아, 아닙니다."

"그래, 알겠다. 이만 끊을게."

통화를 끊고 난 곰곰이 생각했다. 도저히 이해되지 않는 일이었다. 뭐든지 잘못된 행동에 지적을 하면 아파서 그랬다, 아니면 다른 일 때문에 그렇다며 자기 합리화하기 바빴다. 그냥 잘못한 부분을 인정하고 다신 안 그러겠다하면 끝인데 말이다. 나의 스트레스는 극으로 치달았고 화를 내보기도 하고 달래보기도 하였지만 그때뿐인걸 느끼고 성격은 바뀌지 않는다는 것을 인정하고 포기하니 내 마음이 한결 편해졌다.

그러자 이상한 일이 벌어졌다. 자신이 정말 일을 잘하는 줄 아는 것이었다. 이 여파는 다른 직원들에게도 똑같이 이어졌고, 내가 굳이 싸우지 않아도 다른 사원들과 트러블이 생기고 싸우는 광경을 볼 수 있었다. 그 뒤로도 몸은 한결같이 아팠으며 잘 들어본 적 없는 병명과 일을 하게 되면 갑자기 아프게 되는 현상, 지적을 하는 순간 멘탈이 갑자기 무너져버리고 실수를 하는 행동들이 발생하였다.

정말 몸이 안 좋아서 그런 일이 생길 수도 있다. 하지만 여러 가지 정황과 타이밍으로 쭉 지켜본 결과, 다른 직원들도 잘 믿지 못했다. 휴무일에 친구들과 잘 만나고 여자사람친구와 있었던 얘기를 하는 걸 보면 말이다.

사람의 성격과 인성은 그냥 만들어 지지 않는다. 뭐든지 그 원인이 있고 이유가 있다. 주로 그 사람의 집안환경과 내력을 보면 알 수가 있고 이해가 되기도 한다. 그 남다른 사원도 속을 들여다보면 왜 이런 일이 생기는지 실마리를 풀 수는 있을 것이다.

각기 다른 사람들과 일을 하고 팀워크를 맞춰가는 것이 결코 쉽지 않은 일이지만 나와 다르다고 무조건 싸우지 말고 한동안 상대방을 지켜보며 알아가길 바란다. 속내를 감추고 있는 사람에게 섣불리 다가가다간 일을 그르치게 되고 역으로 내가 당할 수도 있기 때문에 자신의 속마음은 함부로 드러내지도 말고 확실한 상황에서만 행동하기를 추천한다.

개모차

___

일을 하다보면 다양한 사람들과 다양한 반려견들을 보곤 한다. 나도 강아지를 참 좋아하는데 이곳엔 유별난 강아지들이 많이 살고 있다. 다른 건물에서는 집 한 채가 강아지의 집으로 사용하여 사람은 살지 않는다고 했다.

주인이 매일 밥을 주고 오로지 강아지를 위한 곳이라며 '개팔자가 상팔자'라는 말이 여기서 나온 것인가 하며 부럽단 생각을 하곤 했다. 로비에서 보고 있으면 강아지 산책을 하러 나가는 사람들을 자주 보곤 하는데, 개모차(애견유모차)에 강아지를 태우고 끔찍이 아끼는 분들이 있었다. 난 그들을 이해할 수 있었다. 강아지의 사랑과 키우는 방법이 각기 다른 법이니까 말이다.

어느 날이었다. 어떤 분이 말티즈를 태운 개모차를 이끌고 어김없이 산책을 하러 갔다. 그러다 산책을 하고 입구로 들어오는 폼피츠 한 마리와 마주치게 되었는데, 갑자기 폼피츠는 개모차를 향해 맹렬히 짖기 시작했다.

"캬아앙!!!!!!! 크아앙!! 멍멍!!!!!!!!"

그러자 조용히 개모차에 있던 말티즈가 화가 난 듯 똑같이 짖는 것이 아닌가? 개 주인들이 놀라 서로를 바라보았다. 강아지가 한 번도 짖은 걸 본적 없던 나는 새로운 광경에 신기하게 바라보았다. 한참을 그렇게 짖어대던 폼피츠는 주인의 성화에 못 이겨 자리를 떠나야만 했고 말티즈는 그 모습이 사라질 때까지 짖어댔다.

강아지들이 사라지자 잠시 난 생각을 했다. 아마 폼피츠가 말티즈의 개모차가 맘에 안 들지 않나 하는 생각이 스쳐 지나갔다.

그래서 멍멍 짖어대며,

'넌 강아지가 되어 가지고 그런 차를 타고 밖에 구경이나 다니냐? 걸어 다니고 뛰어다녀야지. 겁 많은 놈 같으니라고!!'

그러자 말티즈가 화가 나,

'왜 나한테 성질임? 너네 주인보고도 사달라 그래라. 돈도 없는 놈!!'

이렇게 하지 않았을까 하며 그들만의 대화가 무척이나 궁금하였다.

강아지의 개모차, 외제차 못지않은 우수한 성능과 편의성으로 강아지의 삶의 어떠한 영향을 줄지 기대해 본다.

치매

치매 증세가 있던 어떤 할아버지 한분이 계셨다. 오전 9시경만 되면 복지회관에서 차가 로비 앞으로 정차해 할아버지를 픽업해 갔다.

내가 입사한지 얼마 안 되었을 때만 해도 혼자 잘 걸으시고 움직이시면서 마실도 잘 다녀오셨는데 몇 개월이 지나자 상태가 악화되었다. 그 뒤론 복지회관 차를 혼자 타시는 것도 힘겨워 보이셨고 자주 외출 나가는 모습도 볼 수 없었다.

그러던 어느 날 바쁜 오후시간이 되었다. 차를 타고 로비로 들어온 할아버지의 모습을 보았는데 엘리베이터를 타는 걸 확인한 뒤로 할아버지가 홀연히 사라진 것이었다. 할머니와 며느리는 할아버지의 행방을 찾느라 정신이 없었고, CCTV를 확인하니 할아버지가 엘리베이터를 타고 다시 내려와 밖으로 나간 것을 알 수 있었다.

가족들은 경찰서에 신고를 하고 시간은 흘러 저녁시간이 되자 경찰서에서 연락이 왔다. 할아버지를 찾았다며 순찰차에 태우고 오고 있다는 것이었다. 그제야 할머니와 며느리는 안도감에 안정을 취했다. 돌아온 할아버지의 모습은 초췌하여 말이 아니었다. 경찰들의 말에 의하면 근방 도로가에 혼자 앉아서 가만히 계셨다고 한다. 아마 밖으로 나가신 후 집을 찾지 못한 것으로 추정되었다.

천만다행으로 여긴 우리들도 안도하였고, 며느리는 우리에게 괜히 폐를 끼친 것 같아 미안하다는 말만 되풀이하였다. 난 정말 괜찮다고 찾으셔서 정말 다행이시라며 고생 많으셨다고 전했다. 그 일이 있은 후 이사를 가버렸고 지금은 소식을 알 수는 없지만 건강하게 오래 사셨으면 하는 바람이 든다.

삼보일배

───

우연히 같이 일하는 사원들의 사번들을 본 적이 있다. 앞자리는 입사한 년도수가 붙게 되어 있었는데 일반사원들은 15~18년도까지 다양했지만 유독 눈에 띄는 사번이 있었다.

'01?!!'

내가 잘못본 건가 싶어 다시 확인해 보니 그건 실장님의 사번이었다.

'와… 01이면 내가 고등학생 시절이었는데…'

이런저런 생각을 하고 있을 때 다른 사원들이 얘기했다.

"01? 실장님은 년차가 정말 오래 되셨네요."

난 놀라워하는 사원들에게 말했다.

"앞으로 보안실에 들어갈 때 입구에서부터 삼보일배 하면서 들어가도록 해라."

───

사원들이 의아해 하며 물었다.

"왜요?"

"실장님은 감히 우리가 범접할 수 없는 인물이다. 성심성의껏 모시도록 해라."

사원들은 빵 터지며 웃었다.

예전에 백화점 일할 때가 생각이 났다.

10년차에 접어든 나는 사무실에 앉아있었는데 외부에서 어떤 지인이 찾아왔고, 이런저런 얘기를 하다가 날보고 나에게 얼마동안 일했냐고 물어보는 것이었다.

"이제 10년차에 접어듭니다."

놀라는 표정을 지은 그에게 난 별거 아니라며 뒤를 가리켰다. 뒤엔 주차관리팀의 소장님이 계셨는데 그분은 더 오래 일하셨고 살아있는 조상님으로 모셔야 된다고 했다.

그랬더니 실장님이 나에게 말씀하셨다.

"살아있는 사람을 보내버리는구나."

그렇다. 난 여러 명을 보내고 있나보다.

모두들 웃으며 넘겼지만 간과하지 말아야 될 사실이 하나 있다. 한 직장에 오래 일하는 분들은 그만큼 내가 알지 못하는 오래된 내공과 친히 존경받아야 될 부분을 가지고 있다는 사실이다. 이러한 부분을 인식하여 회사에서도 오래된 만큼이나 확실한 처우를 해 줬으면 하는 바램을 해 본다.

뱁새가 황새 따라가면

　백화점에서 일을 할 때 제일 많이 보게 되는 장면은 물건을 구매하는 고객의 모습이었다. 평범하게 보이는 이런 모습들은 알게 모르게 사람들에게 영향을 끼치는 모습이기도 했다. 소비하는 모습을 주로 보다보니 자기 자신도 소비성을 띄게 되더라는 것이다.

　늘 보는 것이 행거나 매대에 깔려있는 신상품들이라 관심을 가지고 싶지 않아도 가지게 되고 괜찮은 물건이 있다면 구매하기도 한다. 물론 이런 행동들이 잘못된 것은 아니다. 자기의 수입에 맞게 잘 쓰게 된다면 말이다. 나와 같이 일하던 일부 직원들은 일하면서 소비를 많이 하게 되었고 그로인한 결과는 빚이었다. 명품매장에서 일하는 일부 직원들은 명품물건만 보다보니 본인이 똑같이 명품대우를 받길 원하는 직원들도 있었다.

　이런 결과들은 모두 본인의 수입에 맞지 않은 욕심과 브랜드의 자기애가 너무 강한 나머지 벌어지게 된 현상이었다. 자신이 보는 기준은 높고 현실은 낮으니 결과가 좋지 않았던 것은 당연한 일일지도 모른다.

백화점을 그만두면서 고층건물의 로비업무로 일을 할 때는 생활수준이 높은 사람들을 상대해야 하는 부담감도 없지 않아 있었지만 현재까지 일하면서 느낀 것은 그들도 똑같은 사람이고 생활환경만 조금 다르다는 점이었다.

나는 그들을 보며 새로운 공부를 하고 싶어졌다. 이곳은 어떤 사람들이 생활하는지, 여유가 있는 삶은 어떤 삶인지를 그들을 보며 느끼고 이해하고 공감하는 부분을 공부하면서 알아가고 있다.

이곳에서도 놀라웠던 점은 일부 가사도우미들이 자기들도 직원들에게 똑같이 수준 높은 대우를 받고 싶어 한다는 것이었다. 그런 사람들을 보며 어떨 땐 화가 나는 일도 있었지만 나만의 선입견일 수도 있다는 생각을 하였고 유연하게 대처하는 법을 키워가고 있다. 자기가 처해있는 환경에 젖어 현실을 직시하지 못하는 사람들을 보면 이런 말이 떠오른다. 옛말에 '뱁새가 황새를 따라가면 가랑이가 찢어진다.' 라는 속담이 있다. 분수에 맞게 행동해라는 말이지만 요즘 드는 생각은 '뱁새가 황새를 따라가다 가랑이가 찢어지기 전에 멈추어라' 가 맞는 말인 것 같다. 찢어질 만큼 무리해서 진행하지 말고, 치고 빠지는 현명한 전술이 필요한 때가 온 것이다.

가랑이가 찢어지기 전에 기회를 잡아 진정한 황새가 되길 바란다.

우리 모두 황새가 되길 기원하며…

20대 초반에 입사하여 보안요원으로 일을 하면서 어떨 때는 돈을 벌고 생활비를 마련하기 위한 목적으로 하루하루 버티고 아무 일 없이 하루가 지나가길 바란 적이 있었다.

'사람을 상대하는데 두려움이 있었고 실수하진 않을까?'
'상대방이 내 말을 받아들이지 않으면 어떡하지?'
'저 사람은 나에게 왜 그러는 것일까?'

업무에 대한 자신감이 없었고 소심함까지 더해져 사람들을 마주할 때 눈치를 많이 보게 되어 오래 일한다는 걸 꿈도 꾸지 않았던 것이다. 하지만 일이 익숙해지고 자신감이 붙어 일의 능률과 성취감을 느끼면서 사람들에게 내 주장을 확고하게 펼치게 되었다. 판단기준에 따라 사람을 평가하여 옳고 그름을 명확히 했다고 생각했던 것이다.

지금 생각해 보면 백화점에서 10년의 세월동안 나의 선택들이 다 옳았던 것은 아니란 생각이 든다. 사람들과 싸우지 않고 좀 더 유연하게 상대할 수 있는 방법이 있었고 관리자의 입장에서 어쩔 수 없이 해야 했던 선택을 당시엔 이해하기 힘들었지만 지금은 이해가 되기 시작했다.

30대 중반에 접어들면서 모든 청춘을 한 직장에서 보냈다는 게 어떻게 보면 미련스러울 만치 융통성이 없었다는 얘기가 될 수도 있다. 하지만 지나온 시간들이 나에게는 인과관계의 소중함을 일깨워 주었고 앞으로 살아가는데 많은 인생 공부가 되었다고 생각한다. 세상 보는 시야가 넓어졌고 사회를 접하는 내 눈이 긍정적으로 바뀌게 되었다.

삶의 현장에서 바로 보고 느낀 것을 적어놓은 것이니 서비스직을 희망하고 있다든지 사회 초년생으로서 이 직종에 두려움이 있다면 이 글을 참고로 했으면 좋겠다고 생각했기에 여기서 마무리하려 한다.

비양

초판 1쇄 발행 2018년 3월 10일

지은이 최문정
펴낸이 주지오
펴낸곳 무량수
          부산광역시 해운대구 재송동 1209번지 센텀IS타워 1009호
          TEL. 051) 255-5675 FAX. 051) 255-5676
전자우편 무량수.com

ISBN 978-89-91341-52-4 03190
※이 책의 판권은 지은이와 무량수에 있습니다.
※이 도서의 국립중앙도서관 출판시도서목록(CIP)는 홈페이지(http://www.nl.gr.kr/ecip)와
  국가자료공동목록 시스템(http://www.nl.gr.kr/kolisnet)에서 이용하실 수 있습니다.
  (CIP제어번호 : CIP 2018006124)

정가 12,000원